승무원
합격을 위한
면접 답변의
기술

승무원 합격을 위한 **면접 답변의 기술**

펴낸날 초판 1쇄 2018년 12월 28일

지은이 김안숙

펴낸이 강진수
편집팀 김은숙, 이가영
디자인 강현미

인쇄 (주)우진코니티

펴낸곳 (주)북스고 | **출판등록** 제2017-000136호 2017년 11월 23일
주소 서울시 중구 퇴계로 253(충무로 5가) 삼오빌딩 705호
전화 (02) 6403-0042 | **팩스** (02) 6499-1053

ISBN 979-11-89612-09-2 13320

이 도서의 국립중앙도서관 출판예정도서목록(CIP)은 서지정보유통지원시스템 홈페이지(http://seoji.nl.go.kr)와
국가자료종합목록시스템(http://www.nl.go.kr/kolisnet)에서 이용하실 수 있습니다. (CIP제어번호 : CIP2018041695)

책 출간을 원하시는 분은 이메일 booksgo@naver.com로 간단한 개요와 취지, 연락처 등을 보내주세요.
Booksgo ⌐ 는 건강하고 행복한 삶을 위한 가치 있는 콘텐츠를 만듭니다.

승무원
합격을 위한
면접 답변의
기술

안나코치 김안숙 지음

Booksgo

CORE SKILL로 면접뿐만 아니라
여러분의 인생에도 도움이 되길 바랍니다

"지난 지원에서 왜 떨어진 것 같나요?"

"그렇다면 어떤 점을 노력해왔나요?"

이 두 질문은 2017년부터 지금까지 대형 항공사와 저비용 항공사에서 공통으로 가장 많이 물어 본 질문이다. 졸업을 앞두고 처음 항공사를 지원하는 지원자부터 마지막이라는 생각으로 지원하는 지원자까지 많은 청춘들이 항공사 승무원이 되고 싶어 한다. 승무원이 꿈인 청춘들에게 이 책은 지원자들의 면접을 위한 답변을 정리할 수 있게 도움을 줄 것이고, 답변 방향성과 구체적인 문장, 어휘 표현도 참고할 수 있게 구성되어 있다.

무엇보다도 면접 답변 CORE SKILL을 소개하는데, 답변을 하기 위한 해결방법뿐 아니라 삶의 태도에 적용하면 행동의 변화로 이어질 것이다. 해결법은 '이성'이라 하고 삶의 태도(마인드)를 '감성'이라고 할 때, 변화는 감성에 더 중점을 두는 것이 스위트(S.W.E.E.T, Specification With Emotional Energy Tip) 코칭이며, 여기서 나오는 감성 에너지가 합격을 만든다. 그 변화를 위한 답변 준비는 필수다.

면접의 합격은 말과 미소를 진심으로 보이게 하는 그 힘에 있다. 면접은 정답으로만 보는 것이 아니다. 200여개의 면접 답변 작성에 힘이 들겠지만 답변 작성의 과정을 자신의 마인드를 정비하는 시간으로 보낸다면 재미도 있고 스스로에 대한 진정성 있는 이미지 변화를 느낄 수 있을 것이다.

또 승무원 면접은 미소로만 보는 것도 아니다. 면접은 언어적인 요소와 비언어적인 요소 간의 시너지 효과가 작용하는 것으로 내면의 변화가 먼저 이루어진다면 대화를 구성하는 사고구도가 변화될 것이다. 그렇게 변화된 사고구도는 순발력 있는 언어의 구성을 가능케 하는데, 이를 돕는 것이 독서와 긍정적인 언어 습관이다. 이 책에 담은 코칭 질문들을 면접만을 위한 것이 아닌 자신의 사고를 확장시키고 자신을 정리하는 것으로 받아들인다면 더 많은 답변을 끄집어낼 수 있을 것이다.

제 1장에서는 승무원 직군의 면접 답변을 준비하는 방법에 대해 적었다. 제 2장에서는 합격하는 승무원 강점 답변과 기본 질문 답변을 만들고, 제 3장에서는 지원자들이 준비하는 면접 답변 10가지 영역에 대한 답변 CORE SKILL을 알아본다. 또 최근 기출을 포함해 총 200여개의 기출문제와 예상답변을 한 권에 볼 수 있게 담았고, 합격기준이 되는 답변을 위주로 작성했으나 답변은 상황에 맞춰 재구성 할 수 있다.

면접 답변의 준비는 면접 자신감을 올려준다. 면접 질문 중 지원동기와 인생의 비전, 좌우명과 관련된 답변에 어렵고 막연하게 생각하는 경우가 많았고, 면접 준비 방법을 제대로 알지 못하는 경우가 많다. 1:1 코칭부터 그룹코칭, 다수코칭 형태로 수많은 지원자들과 깊이 소통을 해오면서 준비생들이 무엇을 원하는지를 파악하였고, 자신들도 미처 인식하지 못한 무의식의 욕구를 함께 어루만질 수 있었다. 비전과 좌우명은 어느 기업이든 훌륭한 인재를 뽑기 위해 하는 기본 질문이며, 하나의 기업을 비전을 가진 한 사

람으로 생각해 보는 것도 좋은 방법이다.

많은 준비생들이 거울 앞에서 서서 자신의 면접 인사 태도와 미소만을 수없이 연습하거나 승무원 면접에 관한 정보를 열심히 찾는 것을 보았다. 이는 면접 준비의 전부가 될 수 없다. 면접장에서 미소만 짓고 나오는 것이 목적이 아니라면 무엇을 말해야 할지 자신을 정리하는 실질적인 준비 시간을 가져야 한다. 시간을 들이고 손을 부지런히 움직여 답변 내용을 구성해야 면접관과 자유롭게 소통할 수 있다. 실무 면접 훈련을 하다보면 답변 구성이 안 되어 있는 준비생은 답변 내용 구성하랴, 태도와 미소 훈련하랴 이래저래 분주하기만 할 뿐 결과적으로 보면 실력 향상이 되지 않은 경우가 있었다. 면접 태도보다 답변이 구성되어 있어야 신나게 면접 훈련을 할 수 있고, 원하는 이미지를 연출할 수 있다. 면접에서 면접관과 통할 수 있는 S.W.E.E.T SKILL을 준비해보길 바란다.

(사)한국코치협회에는 다양한 분야에서 코칭 철학을 접목시키고 유지하면서 더 나은 삶의 질과 성과를 위해 노력하는 선배 전문 코치들이 많다. 나는 감성적 인재에 초점을 두고, 항공사 승무원으로 일했던 나의 경험을 살려 우리나라 최초 승무원 코치(KPC Korea Professional Coaching)가 되었다. 이 책에는 나의 경험과 소중한 나의 '답변 CORE SKILL'이 담겨 있다.

2010년부터 9년간 사랑 스위티(sweety. 나의 모든 수강생을 칭함)들과 답변을 구성하는 '답변 CORE SKILL'로 코칭 하며 만족한다는 이야기를 들

었다. 현직 승무원을 코칭 했을 땐 "현직에서도 이러한 코칭이 있었으면 좋겠어요.", 전직 승무원을 코칭 했을 땐 "새로운 사고를 가지는데 의미 있었다."는 기대이상의 목소리를 들으며 책을 내는데 용기를 가졌다. 코칭은 경청과 공감, 질문을 하는 대화 프로세스의 형태로 진행이 되는데 글로써 어느 정도의 감흥을 일으킬지 궁금하지만 승무원 면접 답변에 접목하여 도전해 본다. 나를 알고 나를 표현하는 답변 구성이 직접적인 면접뿐만 아니라 여러분의 인생에도 도움이 되길 바란다.

청춘은 도전을 좋아한다. 청춘은 열정을 다할 대상을 찾고 있고, 자신이 열광하는 것엔 희망을 가진다. 나또한 그렇고 당신들 또한 그렇다. 내가 도전하고 끈기를 가질 수 있게 도와준 북스고 출판사 관계자들의 세심한 노고에 감사드린다. 그리고 비전의 길을 걸어갈 수 있도록 아낌없는 응원을 준 가족과 동료들, 나의 사랑 스위티들과 출간의 기쁨을 함께 하고 싶다. 또 곧 성장해 직업을 가지게 될 두 아들에게도 도움이 되는 책이길 바란다.

2018. 12
김안숙

합격하는 승무원
면접 답변은
이렇게 준비하라

01

스토리보다 나를 알고
나를 표현하는
코칭 대화와 브랜드

❶ 스토리보다 나를 알고 나를 표현하는 대화와 브랜드

취업준비생들은 누구도 모방할 수 없는 나만의 면접 답변을 만드느라 전쟁이다. '스펙보다 스토리'는 이미 취업 면접의 트렌드가 되어 창의적이고 참신한 스토리 구성은 최고치까지 올랐다.

잠시 '스토리텔링'을 살펴보면, '스토리' 없는 상품을 이제는 상상할 수 없을 정도로 각각의 이야기를 상품에 담아 고객으로 하여금 구매하게끔 하고 있다. 마케팅에서도 빼놓을 수 없는 '스토리'는 항공사 광고에서도 여실히 드러낸다.

대한항공 광고는 서비스와 비행기, 승무원을 소재로 한 기존 틀을 벗어나 가족, 추억을 넘어 여행지의 특색을 살린 스토리로 2014년 '내가 사랑한 유럽 Top 10'이라는 캠페인이 도서와 함께 소비자의 감성을 흔드는 데 성공했다. 이 순위는 대한항공 캠페인 참여자 33만 3000명이 직접 뽑았고 유럽 소도시 등 곳곳에 숨겨져 있는 장소를 감각적인 광고로 '감성 마케팅'의 정수를 보여주고 있다.

아시아나 항공의 'Fly to [ ]' 광고 시리즈 또한 감동 말초신경을 건드렸다. 'Fly to 깨달음' 편은 고객의 실제 여행 스토리를 바탕으로 만들어진 것으로, 여행지의 멋진 풍경 아래 철학이 담긴 에피소드로 감동을 주고 있다. '스토리'는 항공사뿐만 아니라 모든 영역에서 짙은 감동을 불러일으키는 핵심요소다. 우리는 그 감동과 설득의 스토리를 발견해서 면접 시 말해야 한다고 강조한다.

하지만 스토리보다 더 강력한 것은 지원자의 스토리를 바탕으로 한 '나만의 브랜드'가 대세다. 전진국 저자의 《콘텐츠로 세상을 지배하라》(쌤앤파커스, 2013)에서 "트렌드는 정점에 도달한 문화다. 정점을 찍으면 더 이상 오를 곳이 없다. 현재의 트렌드보다 반보 앞선 아이디어가 필요하다. 그 힘은 브랜드에서 나온다."라며 〈개그콘서트〉가 대한민국 대표 개그 브랜드가 된 이야기를 담았다. 경쟁 개그 프로그램과 출연진들의 이동으로 고난도 겪었으나 이제는 새로운 출연진과 코너가 생성되면 필히 시청해야 하는 화제의 브랜드가 된 건 사실이다.

개그맨의 유행어가 자신의 브랜드가 되듯이 지원자도 이제는 차별성 있는 나만의 브랜드를 구축해야 할 때다. 스토리를 구성하는 것에서 끝나는 것이 아니라 이를 기반으로 한 브랜드 생성이 절실하다. 왜 나하면 브랜드는 가치이기 때문이다. 스토리는 잔잔하게 설득시키는 맛이 있다면 브랜드는 '나'라는 가치를 극명히 표현할 수 있는 CORE 를 던져주는 맛이 있다. 나의 브랜드란 나를 뚜렷하게 하는 정체성과 같은 것으로 나를 만드는 스토리들을 켜켜이 쌓아 임팩트하게 정의하는 것을 말한다.

좀 더 비교해 본다면, 스토리는 과정이고 브랜드는 결과물이다. 스토리가 설득 스킬이라면 브랜드는 판매 스킬이다. 면접장에서 스토리는 지원자를 돋보이게 하는 사례이자 근거이고, 브랜드는 지원자를 정의 내리는 명확한 상품명이며, 스토리는 부드럽고 잔잔하나 브랜드는 강력하고 긍정의 파동이 있다. 명확한 브랜드가 좀 더 잘 팔린다. 이것이 면접에서 브랜드가 스토리보다 중요한 이유다. 합격하는 답변은 나를 알고, 나를 표현하는 브랜드가 명확할 때 나온다.

❷ 나를 명확히 아는 브랜드 생성! '전문 코칭 대화'가 대세다

스토리가 모여 임팩트한 '브랜드'가 된다. 스토리와 브랜드 간격을 이해한다면 스토리를 발췌하는 과정보다 브랜드를 생성하는 노력이 좀 더 요구된다는 점을 이해할 것이다. 그 스킬이 바로 전문 코칭이다.

이 책이 다른 면접 책들의 차별성은 '전문 코칭'을 접목한다는 점이다. 20대에게 코칭이 낯설고 경험한 적 없다는 말을 많이 들어왔다. 사실 30대 이후에도 코칭을 접해 본 적이 없는 경우가 많지만 코칭의 경험을 가진 사람이라면 이 매력에 빠지지 않을 수 없을 것이다. 아시아 코칭센터에서는 코칭의 패러다임에 대해 "배를 본 적이 없는 사람들이 배를 인식할 수 없는 것처럼 코칭을 접해본 적이 없는 사람들은 코칭에 대해 듣더라도 이해하기 어렵고, 기존의 다른 개념에 비추어 생각하게 된다. 코칭을 설명하기보다는 체험을 통해 직접 느낄 수 있도록 하는 것이 바람직하다." 라고 말했듯이 코칭이 아직 생소하긴 하지만 경험한 사람이라면 누구나 감동을 말한다. 일반인 대상으로 1:1 코칭 대화를 하면서 예전에 비해 20대 대화 상대자를 많이 만나게 된다.

코칭은 내 안의 나를 만나게 하며 바르게 선택하고 효과적인 성과를 낼 수 있도록 후원하는 것이라고 나는 말한다. 우선 우리는 자신을 제대로 보지 못하는 경우가 많다. 타인을 의식해 스스로를 한계 짓고 억압해 사고가 갇히게 된다.

"지금 나에게 실패할 확률이 단 1%도 없다면 어떻게 살고 싶은가?"

이 질문 앞에 우리는 어느 정도까지 답을 할 수 있을까? 어느 영역과 깊이까지 다양한 상황의 답을 끄집어 낼 수 있을까? 멋진 승무원이 되고 싶다고 답을 하면서도 한편으로는 '과연 내가 할 수 있을까? 얼굴도 안 예쁘고, 스펙도 안 좋은데…' 라는 생각을 할지도 모른다. 하지만 이러한 생각 자체가 한계를 만드는 울타리라는 것이다. 승무원이 되지 못할 조건들이 있음에도 불구하고, 모든 것이 가능하다는 생각 안에서 답을 내어 보는 것이다.

승무원이 되어 내게 파생되는 유익한 점들을 마음껏 떠올려 볼 수 있을 때 우리는 할 수 있다는 긍정적인 자신감과 강한 의지가 발생된다. 그러한 생기 있는 에너지 속에서 자신을 (SWOT분석 등으로) 바르게 직시하여 무엇을 해야 할지 선택하고 실행하게 된다면 성공으로 가는 길이 열릴 것이다. 이러한 코칭 프로세스를 삶의 패턴으로 삼는다면 하고자하는 것을 이루게 될 것이다.

(사)한국코치협회에서 빌리자면, 코칭의 기본 철학은 간단하지만 파워풀하다. 사람은 누구나 가능성과 잠재 능력을 갖고 있다는 점이다. 그리하여 자신이 원하는 것을 찾고 있으며, 코치와 함께 함으로써 이를 더 쉽게 찾을 수 있다. 자신의 시각에만 고착되어 있던 것이 코치가 경청해 주고, 적절한 질문을 통해 다양한 시각을 열어주고, 스스로 탐색하며 정리해 나갈 수 있는 대화 프로세스가 된다. 코칭에서는 '깨끗한 대화'라는 표현을 하는 만큼 코칭 대화를 이루는 경청과 공감, 질문을 고도의 스킬로 훈련하게 된다. 올바른 경청은 타인의 사고를 열리게 하고 열린 사고 속에서 자신을 발견하게 된다. 이 책에서는 면접 답변을 구성하는데 전문 코칭 대화를 접목시킨다.

❸ 코칭 대화는 면접의 자기 확신과 자신감을 만든다

★ 코칭 대화를 통한 답변은 나만의 답변이 된다

지원자의 코칭 답변은 자신에게서 나온 것이기에 누구도 모방할 수 없는 답변이 된다. 많은 지원자들이 다른 지원자보다 좀 더 창의적이고 차별성 있게 답변을 구성하려는데 심혈을 기울인다. 또 예상 답변을 준비하면서도 자신의 답변에 자신감을 가지지 못해 나만의 답변을 만들고 싶다는 말을 여러 번 하는 것을 들어왔다. 코칭 대화는 나를 알고, 나를 표현하는, 나만의 답변을 만들게 한다.

★ 코칭 대화를 통해 지원자는 자신에 대해 정확하게 파악할 수 있다

면접의 수많은 질문들은 '이 지원자는 우리에게 적합한 사람인가'를 알고자 하는데 목적이 있다. 지원자는 자신이 적합한 인재라는 점을 상대에게 설득력 있게 말 할 수 있도록 스스로에 대한 이해가 필요하다. 면접은 자신을 제대로 알았을 때 성공할 수 있다. 면접관이 가장 좋아하는 말 중 하나가 '비전'이라고 한다. 면접관은 비전과 열정을 가진 지원자를 선호하는데 코칭은 비전 설정을 돕고 인생의 전체를 보게 하는 힘이 있기에 비전 있는 지원자로 만들어 준다.

★ 코칭 대화를 통해 자신을 차별화 할 수 있다

면접은 자신을 제대로 알고 차별성을 드러내야 성공적으로 치룰 수 있다. 그러기 위해 자신에 대한 강점과 성향 파악에 대해 충분히 준비를 해야 하는데, 대체로 자기 자신조차 제대로 파악하지 못한 채 실무면접을 치루는 경향이 있어 안타까운 적이 많았다. 총 세 번의 면접을 치러야 하는 경우도 있는데 면접 스킬만으로 최종합격을 한다는 것은 매우 어려운 일이다. 타인에게 자신을 마케팅 하려면 나에 대한 철저한 분석과 '상품'으로 판매할 확실한 가치를 전달할 수 있어야 한다.

이는 면접 이미지 메이킹과도 연결되는 내용으로 채용 과정을 이미지 관리와 습관 변화의 시간으로 삼는다면 입사 후 힘든 일이 생기더라고 현명하게 헤쳐 나갈 힘을 얻을 수 있을 것이다. 이 점을 명심하고 지원자는 면접 전 자신을 명백히 알고 차별화 할 수 있어야 한다.

★ 코칭 대화는 자기 확신과 자신감을 준다

"내가 무언가 하고 싶다는 것은 내 안에 이미 그 능력이 있다는 것이다." 리처드 바크의 소설에 나오는 문구를 스위트 인터뷰의 명언으로 삼고 있다.

소설《갈매기의 꿈》은 비행에 대한 꿈과 신념을 실현하고자 끝없이 노력하는 갈매기 조나단 리빙스턴의 일생을 담아낸 작품이다. 사람마다 다양한 자아이상과 자아실현의 목표가 있다. 어떤 사람들은 원대한 목표를 가지는데 그것은 그 사람이 그 목표를 이룰 가능성과 잠재성을 이미 자신 안에 가지고 있기 때문이다.

무의식적으로 할 수 있다는 능력이 하고 싶다는 욕망을 만든다. 항공사 승무원이 되고 싶다는 욕망은 당신에게 할 수 있는 능력이 있다는 것이다. 그러한 자신의 욕망을 믿고 실행하는 것은 삶의 중심 가치이기도 하다. 코칭 대화로 자신의 욕망을 믿고 실행하는 훈련을 여러 차례 해 온 지원자는 면접 질문에 자신감 있게 답변할 수 있었다는 합격 후기를 들려주기도 한다. 그만큼 자신을 만나는 횟수는 단단한 자신감과 비례하는 모양이다.

승무원 면접 답변은
나를 표현하는
명확한 지지대

    승무원 준비를 위한 답변 구성은 '나'라는 브랜드를 명확하게 하는 지지대다.

    한번은 임용고시를 준비하는 지원자와 일회성 면접을 진행했을 때다. 기출 문제에 수월히 답변하고 준비를 많이 한 듯해 지원자에게 다음 질문을 했다.

"OO교사로서 어떤 사명감이 있으세요?"

기출문제였지만 지원자가 OO교사에 대해 가지고 있는 가치가 진심으로 궁금하고 듣고 싶어서 질문했다. 분명 앞서 지원동기를 물었을 때는 막힘없이 답변을 했기에 지원자가 당황해 할 거라곤 생각지도 못하고 물었는데, 지원자의 얼굴이 갑자기 붉어지고 의기소침해지고 목소리도 작아졌다. 나도 같이 마음이 쭈뼛하고 당황하여 정적이 흘렀다.

'그렇다면 앞서 말한 지원동기의 출처는 어디지? 그러한 활동 경험을 통해서 교사로서 자신이 능력이 있다고 답변하였는데, 그 부분에 대한 자신의 생각을 말하지 못하는 이유가 뭐지?' 라는 궁금증과 함께 모의면접을 마쳤다. 이 상황이 실제 면접이었다면 불합격이 될 확률이 높다. 00교사의 가치를 소신껏 말할 수 있었다면, 게다가 열정까지 더해 자신감 있는 답변이었다면 면접관의 마음에 100퍼센트 울림을 줄 수 있는 중요한 면접 질문이었다.

앞의 질문은 지원자가 직업에 대해 가지고 있는 가치를 묻는 것이다. 많은 지원자가 기본 기출문제인 자기소개, 지원동기, 입사 후 포부, 마지막 하고 싶은 말은 자연스럽게 답변을 잘한다. 승무원은 타 직군과는 다른 근무환경인데 굳이 승무원이 되고 싶은 이유, 또 승무원과 전혀 다른 전공을 가졌다면 기존의 공부가 승무원과 연관되는 점이 무엇인지가 면접에서 자주 듣는 질문이다.

그만큼 지원자들도 중요하게 준비하는 부분이지만 한 단계만 더 들어가 질문을 하면 흔들리는 경우가 많다. 예로 승무원이 되려는 지원동기에 대해 답변을 듣고, "승무원이 되면 인생에 어떤 의미가 있나요?" 라고 질문을 하면 표정에 당황이 드러난다. 그럴 때는 좀 더 질문해 본다.

"그러한 의미가 지원자에게 꼭 중요한건가요?"

"그런 의미라면 승무원이 꼭 아니어도 될 거 같은데 어떻게 생각하나요?"

"혹시 이번에 불합격한다면 어떤 점을 좀 더 노력해 보고 싶은가요?"

땀이 줄줄 흐르는 질문들이다. 하지만 지원자 스스로 단단한 근거를 가지고 자신을 이해하고 답변을 구성했다면 그리 어려운 질문은 아닐 것이다. 이를 스위티의 피드백이 증명했다.

위 질문들에 답하는 팁은 자신의 인생관과 연결지어 승무원 직군에 뜨거운 열정이 녹아 있어야 한다는 것이다.

앞서 말한 바와 같이 나를 명확히 아는 것은 스토리를 넘어 좀 더 돋보이는 브랜드가 된다. 답변은 '나'라는 브랜드를 표현하는 지지대이며, 외워서 하는 답변 아니라 스스로를 이해하고 열정에 빠지는 것, 그 안에 있다.

'할 말이 없어요' 대신 육하원칙으로 답하라

　말할 것이 없어 막막할 때 답변 준비는 어려워진다. 수업 중 코칭 대화를 하며 지원자에게 '00에서 근무하면서 가장 기억에 남는 일은 무엇인가요?' 라고 물었더니 멋쩍어 했다. 그래서 '아르바이트하면서 가장 힘들었던 일은 무엇인가요?' 라고 물었는데 또 머뭇거리더니 '사실, 저는 특별한 것이 없어요. 기억에 남는 것도 없고, 특별히 힘들었던 적도 없이 그냥 보냈어요.' 라고 막막한 표정을 지었다.

　학창시절, 내가 받은 감동 서비스, 최악의 서비스, 지금까지 살면서 가장 성과 있던 일, 힘들었던 일 등의 질문에 답변 할 내용을 떠올려 보자. 어디서부터 떠올려야 할지 갈피를 못 잡고 부족한 자신의 스토리에 한탄하는 지원자들이 생각보다 많다. 그럼에도 불구하고 우리는 나를 발견해 낼 수 있다.

포괄적이고 추상적인 질문은 답변을 어렵게 한다. 육하원칙에 따라 구체적으로 답해보자. '언제, 어디서, 무엇을, 누구와, 어떻게, 왜' 질문에 하나씩 답변을 해보면 조금씩 나를 알게 된다.

질문에 답변의 어려움을 느낀다면 육하원칙에 따른 질문에 답을 해보자.

Q. 학교 생활하면서 기억에 남는 일이 무엇인가요?

What   Q. 학교생활 중 행사는 무엇이 있었나요?

Who   Q. 그 행사는 누구와 진행했나요?

When Q. 행사는 언제였나요?

Where Q. 구체적으로 어디에서 진행되었나요?

Why   Q. 행사의 목적과 이유는 무엇이었나요?

How   Q. 어떻게 행사를 진행했나요?

A. 지난 여름철에 학교 내 다문화 가정 봉사활동에 참여했을 때 타 학교 학생이 다문화 가정의 아이들과 대화하는 모습이 기억에 남습니다. 00동 한 회관에서 주최되었는데, 다문화 가정의 따뜻한 소통으로 사회 적응을 도와주는 프로그램으로 봉사자들이 한 가정에 2인으로 지원되어 그들의 애로점을 들어주고, 문화와 언어 차이를 설명 드리곤 했습니다. 이때 그 학생이 진심으로 대화를 나누며 서로 눈물을 흘리는 모습이 기억에 남습니다.

수정 답변

A. 학교 내 다문화 가정 봉사활동에 참여했을 때입니다. 00동 한 회관에서 주최되어 따뜻한 소통으로 다문화 가정의 사회 적응을 도와주는 프로그램이었습니다. 봉사자들이 한 가정에 두 명씩 찾아가 그들의 애로점을 들어주고, 문화와 언어 차이를 설명했습니다. 이때 한 학생이 진심으로 대화를 나누며 눈물을 흘리는 모습이 기억에 남는데 소통되는 기쁨과 배려를 배울 수 있는 시간이었습니다.

이처럼 단기 근무, 축제, 학교 팀 과제, 대외활동 등도 같은 방법으로 생각을 풀어보면 답변 구성이 가능하다.

Q. 지금까지 받은 서비스 중에 가장 감동적이었던 것은 무엇인가요?

Wha   Q. 서비스 받은 아이템은 무엇인가요? – 음식, 뷰티, 패션, 의료 등

Who   Q. 누구와 함께 있었던 경험이었나요? – 친구, 직원, 제 3의 손님 등

When Q. 서비스 받은 시기는 언제인가요? – 생일, 축하, 식사 등

Where Q. 서비스는 어디서 진행이 되었나요? – 레스토랑, 호텔, 백화점,

옷가게, 병원 등

Why   Q. 왜 감동적이라고 느낀 것 같나요? – 보상, 경청, 신속한 응대 등

How   Q. 어떤 일이 있었나요? – 내가 받은 구체적인 상황 등

육하원칙에 기반을 둔 답변 예시

A. 가족과 호텔에서 할머니 칠순잔치를 했을 때였습니다. 가족과 할머니 친구분들 그리고 제 친구들이 함께 했는데, 어르신들이 많다보니 제 친구들이 다소 흥미 없어 했습니다. 그때 호텔 직원분이 저희에게 다가와 아이패드를 제공해 주셨는데, 그러한 세심한 서비스에 감동을 받았던 적이 있습니다.

답변의 시작은 짧게 시작하고, 스토리를 설명하며 답변의 핵심을 파악하면 내용 구성이 용이하다. 자신에게 승무원 면접 답변 소스가 없다고 기운 없어 하지 말고 육하원칙에 맞추어 상세히 기록하고 그 내용을 조합해 보면 기본 답변이 어느새 완성될 것이다.

간결하고 설득력 있게
3문장 답변법
으로 하라

　다시 한 번 확인할 점은 답변 내용 구성은 글로 전달되는 것이 아닌 말로써 면접관(상대)에게 전달된다는 점이다. 예문은 눈으로 따라 읽는 것이 아니라 소리 내어 읽는 스피치용이라는 점을 다시 기억하자.

　육하원칙에 따른 내용 구성을 했다면 다음 단계인 간결성과 설득력 있는 답변 구성으로 가야 한다.

　앞의 답변 내용이 틀린 것은 아니지만 좀 더 명확한 나의 브랜드를 보일 수 있는 내용 구성을 위해 '3문장 답변법'을 사용하자.

　'3문장 답변법'의 유익한 점은 간결성과 설득성에 있다. 육하원칙에 맞추어 구성된 답변이 장황하게 되는 경우가 많기에 답변 내용 구성을 위해 3고개를 넘어간다는 생각으로 3문장 기준을 떠올리면 말하기도 수월하다. 꼭 3문장이어야 한다는 규칙이라기보다 3고개를 넘어 답변을 구성한다고 생각하면 간결하면서도 서론, 본론, 결론으로 짜임새 있는 설득력을 지닌다. 숫자 3은 완성의 의미를 담고 있기도 하다.

3문장 답변법의 공식 = 키워드 + 사례나 근거 + 리마인드

1문장의 키워드는 질문의 의도와 승무원 면접 키워드로, 2문장은 설득하는 에피소드, 수상, 성과물 등을 말하고, 마지막 3문장은 면접의 의도에 맞게 다시 리마인드하여 정리한다. 물론 이 공식에 지원자의 열정과 의지는 필수다.

육하원칙에 따른 답변을 '3문장 답변법'으로 보자.

Q.학교 생활하면서 기억에 남는 일이 무엇인가요?

{육하원칙으로 구성된 답변}

학교 내 다문화 가정 봉사활동에 참여했을 때입니다. 00동 한 회관에서 주최되어 따뜻한 소통으로 다문화 가정의 사회 적응을 도와주는 프로그램이었습니다. 봉사자들이 한 가정에 두 명씩 찾아가 그들의 애로점을 들어주고, 문화와 언어 차이를 설명했습니다. 이때 한 학생이 진심으로 대화를 나누며 눈물을 흘리는 모습이 기억에 남는데 소통하는 기쁨과 배려를 배울 수 있는 시간이었습니다.

'3문장 답변법' 스피치 해볼까요?

3문장 답변법

• 1문장 키워드 : 제가 학교생활을 하면서 가장 기억에 남는 일은 소통이 주는 기쁨과 배려를 느꼈던 일입니다.

• 2문장 근거 : 학교 내 다문화 가정 봉사활동에 참여하였을 때였는데 따뜻한 소통으로 다문화 가정의 사회 적응을 도와주는 프로그램이었습니다. 봉사자들이 한 가정에 두 명씩 찾아가 그들의 애로점을 들어주고, 문화와 언어 차이를 설명했습니다. 이때 한 학생이 진심으로 대화를 나누고 눈물을 흘리는 모습을 보며 소통이 주는 감동에 대해 알 수 있었습니다.

• 3문장 리마인드 : 이러한 경험으로 제가 00항공사 승무원으로써 근무하며 고객과의 소통이 큰 감동으로 이어진다는 것을 알고 실행할 수 있게 되었다고 생각합니다.

다른 예시를 보자.

Q. 지금까지 받은 서비스 중에 가장 감동적이었던 것은 무엇인가요?

{ 육하원칙으로 구성된 답변 }

가족과 호텔에서 할머니 칠순잔치를 했을 때였습니다. 가족과 할머니 친구분들 그리고 제 친구들이 함께 했는데, 어르신들이 많다보니 제 친구들이 다소 흥미 없어 했습니다. 그때 호텔 직원분이 저희에게 다가와 아이패드를 제공해 주셨는데, 그러한 세심한 서비스에 감동을 받았던 적이 있습니다.

3문장 답변법

• 1문장 키워드 : 저는 직원분의 세심한 서비스에 큰 감동을 받은 경험이 있습니다.

• 2문장 근거 : 가족과 호텔에서 할머니 칠순잔치를 했을 때였습니다. 가족과 할머니 친구분들 그리고 제 친구들이 함께 했는데, 어르신들이 많다보니 제 친구들이 다소 흥미 없어 했습니다. 그때 호텔 직원분이 저희에게 다가와 아이패드를 제공해 주셔서 즐겁게 잔치시간을 보냈었습니다.

• 3문장 리마인드 : 이렇게 고객의 입장에서 세심하게 관심을 가져주는 그 직원분의 서비스에 감동을 받았던 경험으로 00항공사에서도 고객에게 감동을 드리는 서비스를 하고 싶습니다.

육하원칙으로 구성된 답변과 3문장 답변법으로 구성된 답변의 차이는 나를 아는 것에서 그치는 것이 아니고, 면접에 맞게 나를 표현할 수 있게 된다는 것이다. 나의 키워드와 면접의 키워드 교집합을 표현하는 것이 중요하다. 그리고 답변을 작성하면서 뛰어난 문장구성을 위해 사무적인 어휘를 사용하여 어색한 경우도 이 책의 답변은 글이 아닌 스피치용임을 꼭 기억하자.

면접 답변은
T. P. O에 따라 변한다

　자기소개, 지원동기, 입사 후 포부, 마지막 하고 싶은 말의 답변은 공통적으로 승무원으로서의 장점을 나타내는 키워드가 포함되어야 한다. 어떤 질문을 면접관이 먼저 하느냐에 따라 융통성 있게 키워드의 위치를 바꿀 수 있어야겠다. 즉, 답변 T. P. O 시간과 장소, 상황에 따라 변할 수 있다는 점을 꼭 기억하자.

　나의 장점을 자기소개, 지원동기 답변으로 넣어두었는데, 면접관이 이 질문을 하지 않아서 중요한 장점을 말하지 못하고 나온다면 아쉬울 것이다. 면접에서는 최대 다섯 개 정도의 질문을 받는 편인데, 경우에 따라서는 공통질문 한 개만으로 다소 허무하게 면접이 끝날 때도 있다. 만약 그때 단 하나의 질문이 "승무원 준비는 얼마나 했어요?"라면 어떤 내용을 말하면 좋을까?

Q. 승무원 준비는 얼마나 했어요?

3개월, 6개월 기간만 이야기하고 답변을 끝내기도 한다. 좀 더 준비한 지원자라면 승무원 자질의 3대 요소인 건강한 체력을 키우고, 승무원에게 필요한 서비스 경험으로 자질을 키우거나 영어 실력을 향상시켰다는 내용까진 답을 할 거다.

하지만 면접 시 받은 단 하나의 질문에 좀 더 설득력 있는 답변은 어떻게 하면 좋을까?

'3문장 답변법' 스피치를 해보자.

3문장 답변법

• 1문장 키워드 : 저는 지난여름부터 '내가 승무원이라면' 생각으로 준비를 해왔습니다.

• 2문장 근거 : 승무원이 되기 위해 고객 감동을 위한 서비스 응대를 지속적으로 준비 해왔습니다. 카페에 찾아오는 손님을 기내에서 만나는 손님이라고 생각하며 주문을 받고 상냥한 미소와 말투로 응대하거나 영어공부를 하면서도 기내에서 만나는 외국인 손님이라면 어떻게 응대를 할까를 떠올리며 공부를 해왔습니다.

• 3문장 리마인드 : 이렇게 매 순간 기내에서 근무하는 승무원이라는 생각을 떠올리며 면접 준비를 하니 긴장감보다 더 00항공의 승무원이 되고 싶다는 열정이 생긴 것 같습니다.

이렇듯 면접장에 들어가면 지원자가 꼭 어필해야 할 점을 말하고 퇴실할 수 있어야 한다. 가장 좋은 답변은 고급스러운 어휘로 포장된 것이 아닌 일상의 어휘로 상대에게 전달하는 것이다. 질문의 의도를 읽었다면 준비 기간만 말하는 부족한 답변은 안하게 될 것이고, 예상치 못했던 질문이라도 나의 강점 우선순위를 알고 있다면 어떠한 질문에도 승무원에 적합한 인재라는 핵심내용을 전달할 수 있다. 이렇게 답변은 질문에 고정되어 있는 것이 아니라 알맞게 조정될 수 있다.

★ 질문의 시간에 따라 답변이 변할 수 있다

면접을 시작하는 오전시간보다 점심시간을 지난 시간 그리고 오후 면접으로 갈수록 답변의 길이는 더욱 명료하고 간결해야 하며 지원자의 스피치 또한 생동감이 느껴져야 한다. 지원자들의 면접 후기를 보면 오전 시간대 면접, 점심시간 직후 면접, 하루 중 마지막 면접일 때에 따른 지원자들의 공략이 적혀 있곤 하다. 오전 시간대에는 아침의 활기와 생기 있는 모습을 보이려 노력하고, 점심시간 후에는 나른해지는 것을 생각해 더 활짝 미소를 짓고, 마지막 면접조 일 때는 면접관들의 기력이 소진된 시간이니 더 밝게, 답변은 간결하게 한다는 내용이다. 무엇이 되었든 지원자는 밝고 생기 있는 모습과 신선한 느낌을 발산해야 함은 공통적인 것 같은데 지원자 입장에서 시간대 별로 의미와 의도를 부여하여 면접에 임하는 것이다. 이렇게 면접관의 전체적인 컨디션을 생각할 수 있는 것도 좋은 방법이다.

또 계절별로 질문이 다르다. 봄에 주로 무엇을 하는지, 겨울에는 주로 무엇을 하는지와 같은 질문은 지원자의 일상 성향을 파악할 수 있는 질문이다. 주로 정적인 활동과 동적인 활동을 함께 말하기를 권하는 편인데, 무엇보다 그 활동 안에서 사교적인 관계성을 느낄 수 있도록 표현한다면 좋을 것이다. 또한 그 계절을 만끽하는 활동위주로 말하는 것이 융화되는 성향을 돋보이게 한다. 예를 들어, 물을 싫어해 물놀이를 가지 않는 지원자가 여름에 휴가 다녀왔냐는 질문을 받았다고 하자. 물놀이를 싫어해서 집에서 휴가를 보냈다고 말하는 대신 사람들과 어울렸던 것에 초점을 두어 답하면 된다. 설마 이렇게 답변할까라는 생각이 들지도 모르지만 이 책의 모든 예시는 지원자와 수업하며 나온 실제 사례를 바탕으로 했다. 면접 때는 긴장해서 자신도 모르게 답변이 나와 당황하기도 한다는 걸 우린 다 안다.

★ 질문의 장소에 따라 답변이 변할 수 있다

승무원 면접은 실내에서 진행이 되기에 큰 변화는 없지만 타 기업처럼 등산이나 야외 활동, 합숙 면접, 엘리베이터 등 면접 장소가 다양하기에 이에 따라 답변이 달라진다. 실내 면접은 지원자에게 집중하기 좋은 장소로 바른 자세와 언어 구사력을 더욱 요구하게 된다. 야외라면 좀 더 활동적으로 그 공간을 활용하는지 평가할 것이다. 타인과의 어울림, 상황 대처, 해결력, 협동심, 조직 적응력 등을 행동으로 보여주는 점이 사무실에서 보다는 훨씬 생동감이 있다. 여럿이하는 토론 형태의 면접은 자유로움 속에서 가지런한 질서를 보여야 할 것이다. 국내 항공사 승무원 면접은 정자세로 면접하는데 종종 면접장의 분위기가 어떤지, 면접장에 올 때 어떻게 왔는지 등을 질문하기도 한다. 면접장의 느낌을 말하기도 하고, 실제로 회사에 들어오면서 느낀 점을 말해도 된다.

★ 질문의 상황에 따라 다르다

외국 항공사 면접 시 토론 면접인 경우는 자신이 준비한 답변만을 말하다가는 낭패 보기 십상이다. 토론의 특징인 의견을 말하고 받아들이는 자질을 평가하기에 지원자는 공감으로 듣기와 명확히 말하는 법을 익혀야 할 것이다. 면접에서의 상황으로는 답변 순서와 질문 순서, 스피치라는 세 가지 상황으로 대처할 수 있다.

우선 답변 순서를 보자. 지원자의 답변 수정의 목적이 정형화된 답만을 위한 것은 아니다. 절대적인 답변보다 해서는 안 될 말과 꼭 해야 하는 말을 하는 것이 더 중요하다. 수정 답변이 절대적일 수 없으며, 지원자들이 답변을 하는 상황이 언제든지 변할 수 있다는 점도 감안해야 한다. 예를 들어, '자기소개는 서두에 상징어(예: 저는 스마트폰 같은 사람입니다.)를 넣어야 하죠?'라는 질문을 받을 경우 그럴 수도 있고, 아닐 수도 있다라고 답을 한다. 이러한 답에 갸우뚱하며 갈피를 못 잡겠다고 하는데, 자기소개를 하는 내용 구성의 형태로는 핵심형, 은유형, 혼합형이 있으니 모두 준비해 보라고 권한다. 혼합형을 추천하는 편이긴 하지만 3가지 정도 형태로 고루 준비하여 면접실에서 상황에 맞게 선택해서 답변해 보자.

	핵심형 자기소개	은유형 자기소개	혼합형 자기소개
특징과 장점	• 초보 준비자에게 적합 • 의미가 정확히 전달 • 명확하고 적극성이 강조됨	• 초보에겐 막막한 유형 • 감성적 느낌 • 여성적이고 성숙미 강조됨	• 세련되고 능숙한 말솜씨를 요구함 • 감성적 스피치 실력을 요구함
예문	대학 전공과 해외 연수로 중국어 실력을 갖추게 되었습니다. 일상적인 대화를 원활히 구사할 줄 아는 저는 중국 노선의 국제적인 승무원이 되고 싶습니다. 또한 국토대장정 경험을 통해 함께 이겨내고 나아가는 법을 배우게 되었습니다. 승무원으로서 원활한 중국어 실력과 끈기를 갖춘 것, 그리고 어려움을 극복하는 힘은 중요한 자질이라고 생각됩니다. 이러한 점들로 00항공의 발전하는 승무원이 되고 싶습니다.	저는 크리스마스 선물과 같습니다. 산타 할아버지의 선물을 기다리던 어릴 때의 따뜻한 감성이 지금까지 남아 있습니다. 기내에서 캐럴이 울리면 그때의 따스함으로 승객을 감동시키며 기억에 오래 남는 크리스마스 선물이 되고 싶습니다.	저는 스마트 폰 같은 사람입니다. 다양한 정보와 외국어 실력, 신속한 일처리로 인간관계의 활기를 주는 점이 저의 가장 큰 장점입니다. 또한 대학시절 매년 해외 봉사를 하면서 따뜻한 배려와 국제적인 감각을 익혔습니다. 신속함과 따스함으로 00항공사의 스마트 폰이 되어 세계적인 항공사의 발전에 발맞추고 싶습니다.

※《스튜어디스 합격을 위한 실전 트레이닝 북》 208쪽의 표를 발췌

면접 장면을 떠올려 보자. 한 조에 약 일곱 명의 지원자가 입실하고 지원자 모두가 자기소개를 하는 상황을 상상해 보자. 상징어를 활용한 자기소개의 형태가 좋다고 하여 모든 지원자가 '~과 같은 지원자입니다.'라고 말하는 장면, 핵심형이 좋다고 하여 모두 자기소개의 키워드를 첫째, 둘째로 말하는 장면이라면 면접 조의 전체적 이미지는 어떨 것 같은가? 그것처럼 인위적이고 기계적인 답변도 없을 것이다. 모두가 아기 새들처럼 같은 소리로 재잘거리는 것처럼 느껴질 것 같다.

답변을 하는 면접의 전체성을 고려해야 한다. 바로 앞 단락에서도 말한 것과 같이 아기 새들이 일괄적으로 재잘거리는 것처럼 들리지 않으려면 어떻게 해야 할지에 답이 있다. 다른 지원자보다 돋보여야 할 자리인데 모두 같은 답변 형태로 말한다면 전체적으로 신선함이 느껴지지 않는 면접이 될 것이다. 첫 번째로 대답하는 지원자가 아닌 이상 앞 지원자와 다른 형태로 답변을 하면 좋겠다.

예로 앞 지원자가 다음과 같이, 키워드 위주로 사례를 말하는 핵심형 답변으로 자기소개를 말했다면,

"저는 호주 어학연수를 통해 영어 실력을 키웠습니다. 현지에서 다양한 국적의 동료들과 공부하고 활동하며 재밌는 여러 체험도 하게 되었는데, 특히 호주에서 봉사활동을 다녔을 때가 가장 기억에 남습니다."

다음 지원자는 은유형이나 혼합형 답변으로 지원자를 나타내는 상징어로 답한다면 지원자의 답변이 돋보이는 차별성이 생길 것이다.

"저는 김연아 선수 같은 승무원입니다. 은반 위의 나비 같은 김연아 선수처럼 기내의 감성을 책임지고 승무원으로써의 충분한 실력을 발휘하는 승무원이고 싶습니다. 우선 업무를 원활히 진행하기 위해 비행을 마치면 수영과 조깅으로 건강한 체력을 유지해 가겠습니다.

'김연아 선수'를 통해 감지되는 것은 여러 가지가 있겠지만 무엇보다 '최고', '끈기', '체력', '실행력'이라는 자질과 김연아 선수의 예술성이다. 이를 잘 연결지어 지원자의 것으로 표현해 보면 핵심형으로 답변한 앞 지원자와는 분명 다른 느낌일 것이다.

두 번째로 질문의 순서에 따라 답변이 변화될 수 있다. 대체로 면접관은 첫 질문으로 자기소개 질문을 가장 많이 한다. 그리고 지원동기와 입사 후 포부 순으로 묻고 면접 끝에 마지막 하고 싶은 말을 듣고 싶어 한다. 이 순서대로 질문이 주어진다면 준비한대로 답하면 되지만, 상황에 따라서는 순서대로 질문이 안 주어질 수도 있고, 한 가지 질문에만 답변을 하고 퇴실하게 될 수도 있다.

지원동기나 입사 후 포부를 먼저 답해야 한다면 자기소개를 포함한 지원동기를 말하는 것이 적합하고, 또 자기소개와 지원동기의 의미가 포함된 입사 후 포부를 답하면 좋다. 그리고 마지막 하고 싶은 말 답변은 위 세 가지 질문을 종합한 것으로 가장 중요한 키워드를 뽑아내어 강한 입사 의지를 표현하는 내용이 적합하다.

앞 지원자들이 받는 면접 질문의 분위기를 파악하며 질문을 많이 받지 않는다거나 한 가지씩만 질문이 주어진다면 지원자가 준비한 기본 질문(자기소개, 지원동기, 입사 후 포부, 마지막 하고 싶은 말)을 통틀어 가장 중요한 키워드 순위로 두세 가지를 어필해야 한다.

마지막으로 스피치에 따라 변화될 수 있다. 간혹 알맞은 답변 내용인데도 여러 번 수정하며 만족을 못하는 지원자가 있다면 그럴 땐 스피치의 맛을 더해 보라는 피드백을 한다. 답변 내용은 글로 읽는 것이 아니라 활자가 날개를 달고 생동감 있게 스피치로 살아나는 것이다. 내용을 구성하더라도 입으로 내뱉으며 스피치를 한다면 건조한 내용이라도 충분히 좋은 답변이 될 수 있다.

스피치는 아나운서와 비교 선에 놓이게 되는데 승무원 말투는 아나운서에 비해 마지막 음절을 늘여 말하는 경향이 있다. 아나운서는 마침표 부분을 간결하게 매듭짓지만 승무원 화법은 1박자의 간결한 매듭보다는 정겨움이 느껴질 수 있는 1.5박자 정도의 매듭이 좋다. 예를 들어 아나운서 화법은 '~ 해왔습니다.'라며 마침표와 함께 끝나고 억양도 내려가는 편이지만, 승무원 화법은 '~배워 왔습니다아~.'로 반박자의 늘림이 더 있다.

사람을 마주하는 직업으로 단시간에 한 마디의 주고받음에도 정겨움과 인간다움이 느껴지도록 하는 것이 초점이다. 물론 기상 캐스터는 승무원다운 스피치와 가장 닮았고 뉴스 진행자의 엄숙한 느낌의 스피치는 기피하는 편이지만 올바른 발음과 강약, 속도, 목소리 크기를 유지할 수 있다면 어느 곳에서도 호감 가는 스피치를 할 수 있다.

특히 목소리를 크게 연습하는 것도 답변을 다르게 들리게 만드는 스피치의 요소이다. 예로 핵심형 답변일수록 작은 목소리는 피하고 크고 자신감 있는 목소리를 요구한다. 아래 내용을 작은 목소리와 큰 목소리로 각각 말해 보며 차이를 느껴 보자.

"저는 호주 어학연수를 통해 영어 실력을 키웠습니다. 현지에서 다양한 국적의 동료들과 공부하고 활동하며 재밌는 여러 체험도 하게 되었는데, 특히 호주에서 봉사활동을 같이 다녔을 때가 가장 기억에 남습니다."

은유형이라면 스피치 요소 중 강약의 수위 조절과 멜로디 있는 스피치 선율에 따라 상징어의 맛을 제대로 살릴 수 있기에, 스피치의 감정적 맛을 필요로 한다. 그래야 답변 내용에 설득력을 더할 수 있다.

그 외에도 시각적인 제스처, 표정과 태도에 따라 답변 내용이 다르게 들린다. 시각적인 부분은 타인에게 큰 자극을 주는 부분이어서 웃으며 말할 때와 바른 태도, 제스처에 따라 답변 내용에서 풍겨지는 느낌이 다르다. 또한 내용에 감정 조절에 따라 답변이 다르게 변화될 수 있다. 답변 작성의 기본적인 핵심은 있으나 어떤 시간과 장소, 상황에서도 유연히 답할 수 있어야 한다는 점을 기억하자.

06

하지 말아야 할 답변,
꼭 말해야 할 답변을
선별하라

2018년 10월 10일자 글로벌이코노믹 기사에서 대한항공 채용 인사 담당자들이 "중요한 건 스펙보다 항공사를 얼마나 알고 있는지와 서비스 마인드"라고 강조한 내용이 있다. 또 〈한국경제매거진〉 2014년 3월호에 실린 인사담당자들은 이렇게 말했다.

"스펙에 치중하기보다는 자신만의 전문성을 보여주어야 하는 것이다. 기업도 이제 지원자의 스펙을 보고 놀라지 않는다. 지원자의 진짜 능력과 열정을 보고 싶어 한다. 일반적으로 이야기하는 성적, 영어 등의 스펙보다는 자신이 지원한 직무와 관련된 경험, 아르바이트, 대외 활동 등에 신경 써야 한다."

    수많은 지원자들의 중복되는 스펙 속에서 빛나는 지원자가 되려면 자신의 경험 스토리를 가지고 지원 회사에 적합하게 표현을 할 수 있어야 한다. 그러기 위해선 승무원과 연관되는 활동과 경험들로 구성해야하는데, 이때 지원자가 말하고 싶은 대로 답변을 구성하면 에세이 형태로 이어지기도 한다. 하지만 이는 좋지 않다. 면접관이 듣고 싶지 않은 내용으로 말하게 되는 실수를 하게 된다. 승무원 직업과 연관되는 경험을 말할 때 유의할 점을 살펴보자.

    종종 항공사 승무원 직군에 대한 이해가 부족하여 답변의 내용이 잘못된 줄을 타기도 한다. 승무원 직업이 서비스업이라고 하여 서비스직 아르바이트만을 지나치게 강조하는 것은 좋지 않다. 카페, 레스토랑, 호텔 등에서 아르바이트를 했다는 것만으로는 충분하지 않다. 고객 응대, 배려, 친절, 미소 등이 승무원 자질에 필요한 서비스 마인드 사항이지만 직무 수행 능력에 해당하는 체력, 근무의 성실성, 책임감, 끈기, 외국어 실력 등의 자질보다 우위가 될 순 없다.

    모의면접을 진행했을 때 서비스직 아르바이트 경험으로 서비스 마인드만을 강조하는 경우를 듣게 되면 안타깝다. 서비스 마인드 이상으로 면접관이 듣고 싶은 직무 수행 키워드를 말해야 한다. 그리고 서비스직 아르바이트 경험이 없을 경우, 직무 수행 능력을 키운 곳이면 적합하니 무리하게 서비스업 아르바이트와 연관 지으려 하지 않아도 된다. 예를 들어 도서관 사서로 있으며 책을 빌리고 반납하는 고객을 상대로 했었던 사례도 충분하다. 또한 지금부터라도 서비스 경험을 해볼 수 있다.

그리고 봉사활동 사례를 말하는 경우도 주의해야 할 점이 있다. 한 지원자는 여러 곳의 봉사활동 경력이 있었는데, 면접관의 질문마다 봉사활동을 연결 지어 답을 하다 보니 듣는 입장에서 승무원 보다는 봉사활동을 하는 것이 더 잘 어울리겠다는 생각이 들곤 했었다. 서비스업과 봉사활동을 연관 지어 배려와 타인에 대한 이해, 감사라는 키워드를 어필하게 되는데 이때도 봉사활동을 거듭 강조하면 면접관의 듣고 싶은 내용에서 어긋나게 된다.

승무원 직무에 자격증은 필요하지만 여러 개의 자격증과 수료증이 있다고 해서 합격이 되는 것은 아니다. 풍선 아트, 캘리그라피, 봉사활동, 요리 등 이벤트용 자격증과 외국어 자격증 등은 직무와 연관성이 있다. 기내 이벤트가 활성화되어 있는 항공사에서 강조할 순 있을지 모르지만 불필요한 자격증보다 뛰어난 영어, 중국어, 일본어 등의 외국어 자격증이나 체력을 보강하는 경력과정이 훨씬 유용하다는 것을 기억하자.

특화 서비스가 차별화 되어 있는 서비스 프로그램은 악기 연주 및 개인의 소질을 키운 사항이 도움은 될 수도 있으나, 외국어 실력과 체력, 서비스 마인드의 자질보다 더 중요한 스펙으로 작용되진 않을 테니 승무원으로써 수행할 필요 자격증이나 경력을 쌓아야겠다. 예를 들어 고객을 친절히 응대하고 불만을 해소해 본 경험이 있다면 면접관은 눈여겨보게 될 것이고, 건강한 체력으로 팀에서 융화력을 발휘하며 시간을 잘 지키고 성실히 근무했던 경험의 답변이라면 합격의 사인도 받을 수 있다. 그만큼 서비스 마인드는 기본 바탕이 되는 사항으로 이것 이상으로 승무원으로써의 브랜드를 나타낼 수 있어야 한다. 단, 팀 비행이 없는 항공사라면 팀 융화력보다도 고객을 향한 서비스 마인드를 좀 더 강조할 수 있다.

면접관이 듣고 싶은 기준으로 지원자가 꼭 말해야 할 답변과 하지 말아야 할 답변으로 정리를 해 보자.

꼭 말해야 할 답변	하지 말아야 할 답변
승무원으로 기본 자질, 지원회사 인재상	스펙만을 강조하는 답변
직원의 충성심, 직무수행 적성	지나친 가족, 친구 자랑
회사 주요 이념과 비전, 발전사항	무모한 열정

우선 회사 주요 이념 및 비전은 추상적이라는 느낌을 받는 건 사실이다. 대한항공의 비전은 세계 항공업계를 선도하는 글로벌 항공사이고, 미션은 'Excellence in Flight' 아래 최상의 운영체제, 고객 감동과 가치 창출, 변화 지향적 기업문화다. 지원자는 경험해 보지 못한 직군에 대해 감이 안 잡힐 수도 있겠지만 기본적으로 기업은 자사의 이념을 수긍하는 지원자이길 원한다는 점을 기억하길 바란다. 이와 함께 인재상을 고려해야 하는데 이를 간과하지 말아야 한다.

면접관이 듣고 싶은 내용으로는 회사의 발전 방향성에 동행하는 직원으로 애사심과 충성심을 바탕으로 성실히 근무할 수 있는 능력을 갖추었다는 내용이 바탕이 되어야 한다. 그러므로 회사의 비전과 주요 이념을 인지하고 있음을 답변에 포함할 수 있어야하며 회사에서 원하는 인재상을 참고한다면 우선순위는 인재상에 부합되는 직원의 자질일 것이다.

그러니 지원자가 아무리 자신의 장점이라고 하더라도 인재상과 거리가 먼 답변을 하게 된다면 면접관은 듣고 싶지 않을 것이다. 예로 대한항공의 인재상 및 키워드는 진취적 성향, 국제적 감각, 서비스 마인드와 올바른 예절, 성실한 조직인, 팀 플레이어와 글로벌, 소통, 동행, 한마음, 변화 등이다.

대한항공이 원하는 이 조건을 갖춘 지원자라면 최상의 인재가 될 것이다. 그래서 1차 실무면접에서는 회사의 기본 이념을 인지하고 있음을 답변으로 구성해서 승무원의 기본 업무 지식과 적성, 성실성, 팀워크 등을 포함해 말하면 좋다. 이어서 2차 혹은 3차까지 진행되는 임원진과의 면접 안에서는 지원자의 소양, 품성, 가치관을 바탕으로 적합한 인재인지를 총체적으로 평가하게 된다. 지원자의 바르고 긍정적인 자질을 꼭 말할 수 있는 답변이어야 하며, 이는 지원자의 시각적, 청각적 요소의 조화에 따라 더 적절한 내용이 될 수 있다.

이제는 면접관이 지원자의 스펙을 보고 놀라지 않는다. 기본 지원 조건인 영어 실력과 자격증의 이름만을 언급하는 것은 지원자에게만 흥미롭고 중요한 이야기일 뿐이다. 뛰어난 영어 스펙을 어필하고 싶다면 비슷한 실력의 지원자가 많으니 실제로 뛰어난 영어 실력을 보여줄 수 있는 영어 자기소개나 영어 이벤트를 면접 실에서 보여 줄 수 있으면 신뢰가 갈 것이다. 모두 비슷해 보이는 영어 실력 및 외국어 실력을 참신하게 구성해 꼭 채용하고 싶은 지원자가 되어보자.

Q. 부모님은 어떤 분들인가요?

{ 부족한 답변 }

저희 부모님은 자식들을 위해서 아낌없이 주는 분들입니다. 두 분 모두 공무원으로 근무하시면서 안정적이고 꾸준한 성실성을 저희에게 보여주셨습니다. 어릴 적부터 맞벌이를 하시면서도 힘든 내색 한번 하지 않으시고 저희 삼남매를 예의바르게 키우셨습니다. 고생도 많으셨을 텐데 맛있고 좋은 것은 자식들에게 먼저 주시던 부모님께 너무도 감사합니다.

친구와 부모님에 대한 질문을 받더라도 지원자가 가진 핵심 마인드를 나타낼 수 있도록 답변해야지, 친구와 부모님에 대한 칭찬과 감사함이 전부가 되는 답변은 자칫 경험이 좁은 지원자라는 생각과 함께 국제적 감각이 요구하는 폭넓은 마인드를 지닐 수 있을지 의심하게 될 것이다. 그리고 부모님의 훌륭한 직업을 통해 답변을 구성하게 되면 권위의 호소와 비슷하게 들려 자랑처럼 들리거나 면접관이 직업으로 인해 선입견을 가지게 하는 계기가 될 수 있으니 피하는 게 좋다.

그렇다면, 면접관이 듣고 싶은 내용으로 '3문장 답변법'을 보자.

A. 저희 집 가훈은 '미소부터 짓자'입니다. 이웃에 방문할 때, 이웃을 만날 때 먼저 인사하고 미소를 보일 수 있는 생활태도를 강조해 주셨

습니다. 이러한 점이 대학생이 되어서도 새로운 사람들과 쉽게 친근함을 유지할 수 있게 해주는 것 같습니다. 부모님에 대한 감사함을 곧 있을 생신 때 표현해 드리고자 합니다.

'가훈'은 부모님의 교육철학이 함축된 것으로 객관성이 있어 타인에게 말하기에 자연스럽고 부모님에 대한 가정교육과 가르침이 연상되어 알맞은 답변을 구성하는데 좋다. 또한 승무원의 자질 중 사교성을 같이 어필하면서 공감이 된다. 또 하지 말아야 할 답변으로는 열정과 패기만을 말하는 것이다. 채용은 열정과 패기만으로 되는 것이 아니며 누구든 자기 기준의 열정과 패기는 가지고 있다.

이처럼 답변으로 하지 말아야 할 내용이 있는데 지원자를 혼란에 빠뜨리는 3대 면접 질문이 있다. 이성 친구 관련 질문, 지원자에 대한 취약점이나 약점, 부모님 관련 질문 및 영상편지 질문이다.

★ 이성 친구 관련 질문

"남자친구 장점에 대해 말해 보시겠어요?"라는 질문을 받으면 지원자들은 대부분은 쑥스러워하며 이성친구가 자신에게 잘 대해 준 에피소드를 말하곤 한다. "기념일을 잘 챙겨준다. 따뜻한 성품을 가졌다." 등으로 답변을 한다. 면접관은 어떤 질문을 하더라도 지원자의 자질과 성향을 파악하기 위한 것임을 기억한다면 위와 같은 답으로 지원자를 어떻게 어필하게 할 수 있겠는가?

"남자친구는 시간 약속을 잘 지키는 점이 장점입니다. 주도적인 삶을 사는 점이 장점입니다."라고 답변한다면 지원자가 남자친구를 파악하는 안목을 통해 지원자가 중요하게 여기는 덕목을 간접적으로 파악할 수 있다. 지원자는 시간 약속과 주도적인 삶이 중요하다는 것을 알고 있다는 것을 어필하는 것과 같다. 물론 그러기 위해서는 평상시 지원자가 상대에게 가지는 대한 마인드도 점검을 해봐야 할 것이다.

★ 지원자에 대한 취약점이나 약점 관련 질문

지원자에 대한 취약점이나 약점 질문을 받으면 지원자는 당황해 침착함을 잃게 되는 경우가 많다.

"지원자가 이미지가 어두워 보이는데, 본인은 어떻게 생각하나요?" 특히 승무원이 되는데 있어 가장 중요한 이미지에 대해 이러한 질문을 받는다면 순간 의기소침해지며 긴장하게 된다. 하지만 내 마음의 쿠션으로 완충을 시켜 느긋하게 대처하는 답변을 하면 좋겠다.

"간혹 듣기도 하지만 저와 3초만 이야기를 나누고 나면 긍정적인 마인드의 소유자라는 말을 많이 듣곤 합니다." 로 침착하게 부드러운 미소를 지으며 답변하면 좋겠다.

★ 부모님 관련 질문

부모님 관련 질문 및 영상편지 질문에 유의할 점은 부모님에 대한 개인적인 존경심을 말하는 경우 자칫 자랑 형태로 들릴 수 있다는 점이다. 그리고 긴장되는 면접에서 부모님을 떠올리며 가슴이 울컥해지거나 심지어 눈물을 흘리는 경우가 있다. 면접 당시 글썽였던 어떤 지원자는 면접관이 공감하며 고개를 끄덕여 합격했다고 하지만, 이런 경우를 기준으로 준비하기엔 위험하다. 지원자가 면접관의 질문에 빠져들어 침착함을 잃게 되는 경우 면접이 실패로 돌아갈 수 있다. .

면접관의 입장에서 꼭 듣고 싶은 답변과 듣고 싶지 않은 답변의 기준을 알고 그에 맞게 내용을 구성하자.

면접관의 기분을
전환시키는
답변을 하라

　면접관의 귀를 가장 즐겁게 하는 답변은 질문자의 욕구를 채운 답변이다. 《스튜어디스 합격을 위한 실전 트레이닝 북》에서도 언급한 감성 답변 레시피 8가지 key point 중에서 구체적이고 명확한 내용을 구상하자는 부분이 있다. "질문에 따른 답변 키워드를 준비하고 키워드에 맞춘 내용을 덧붙이면서 답변의 명확성을 지켜야 한다. 한 문장에 여러 핵심 언어가 있으면 듣는 이는 산만한 느낌을 받게 되므로 한 문장엔 되도록 1개의 핵심 언어와 설명이 들어가도록 하자. 지원자의 입장에서 말하여지는 답변은 소통을 중단시키는 역할을 한다"는 내용이다.

예시) 지원동기가 무엇인가요?

{ 잘못된 답변 }

대학 시절 학회임원 활동과 다양한 봉사활동 경험, 그리고 직장생활에서 학생들과 나누었던 교감들을 바탕으로 대한항공에서 새롭게 다시 시작하고 싶습니다.

위와 같이 답변하면 면접관이 지원자의 지원동기를 어떻게 파악할 것 같은가? 대한항공에서 새롭게 시작하고 싶다는 마지막 문구가 지원동기라면 회사에선 열정밖에 안 느껴지는 지원자를 채용할 이유는 없을 것이다. 학회 임원활동으로 키워진 리더십이나 학생들과의 신뢰를 이어갈 수 있었던 진실한 소통 능력으로 귀사의 발전에 기여하기 위하여 지원하였다고 하는 점이 비전 있는 지원자로 평가된다. 왜냐하면 질문자의 욕구는 지원자의 장점에 있기 때문이다. 이처럼 질문자의 욕구가 채워지는 기분 전환 면접 화법을 보자.

《팔지 마라 사게 하라》(쌤앤파커스, 2013)의 저자 장문정은 "고객은 긴 시간을 허락하지 않기 때문에 우리의 화법은 언제나 두괄식 전개여야 한다."고 강조한다.

그는 1시간 125억 매출의 기네스 기록 보유자인 쇼호스트 출신으로 마케팅 강사이자 세일즈 컨설턴트 및 전문 프레젠터로 활약하고 있다. 그래서인지 우리가 홈쇼핑 도중에 언제든 방송을 켜도 그 상품을 살 수 밖에 없는 유혹을 느낀다.

거기에는 여러 설득 기법이 작용하지만 진행자는 '최다 판매', '최고 고객만족', '재 주문 3차째', '구입 시 사은품' 등의 핵심 언어를 상위로 거듭 노출시키고, 전후 비교사진이나 사용 후기 등의 시각적 자료를 함께 시청하게끔 한다.

그러면 시청자의 입장에선 설득의 문에 들어서게 된다. 바로 이 시점을 falling point라고 한다. 지원자 또한 한정된 시간에 면접관에게 자신을 어필해야하기 때문에 두괄식 화법은 중요하다. 지원자에게 면접 질문을 했을 때 청자의 입장으로써 어려운 점은 바로 답변의 요지가 파악이 안 된다는 점이다.

성공적인 답변은 질문자의 욕구를 채울 수 있어야하는데 답변 내용이 길어지면서 삼천포로 빠져 질문의 핵심을 빗겨가기 때문이다. 저자의 말처럼 필요한 핵심만을 간결하게 두괄식으로 표현하면 면접관의 기분을 전환시킨다. 여기에 자신감 있는 표현을 빼놓을 수 없다.

반면에 면접관의 기운을 쏙 빼는 표현도 있는데 대표적인 말로는 지원자의 부족함이나 자신을 비하하는 표현이다. 예를 들어 '지금은 부족하지만, 미흡한 저의 실력이, 개선해야 할 저의 부족한 점은'과 같은 표현은 지양해야 한다. 지원자들은 자신을 자랑 삼아 드러내 보이는 게 아닐지 우려되어 겸손하게 하는 말이거나 입사 후 충성하는 직원으로서의 신뢰를 보이고 싶어 하는 경우다. 하지만 평가자 입장에서는 자신의 실력에 대해 과소평가하거나 의기소침한 표현은 면접에 임하는 지원자의 자신감이 결여되어 보인다. 인사담당자에게 승무원 1차 실무면접은 수천 명의 지원자와 맞닿아야 하는 고단한 작업이 아닐 수 없는데 작은 목소리와 자신감이 결여된 답변은 더욱 고단하게 한다.

한 지인 인사담당자도 많은 인원을 채용하다보면 무엇보다 목소리 크고 자신감 있는 모습이 가장 기억에 남는다는 말을 했었다.

그 외 면접관의 기분을 전환하는 표현은 어떤 것이 있을까?

1. 최상위 어휘로 표현하라

그 누구보다도, 그 어떤 자질보다도 , 최고의 장점, 최상의 아이디어 표현은 면접상황에서 돋보이게 하는 힘이 있다.

2. 미각을 자극하라

음식 추천이라면 이왕이면 구체적이고 형용사를 쓴 맛있는 표현을 하면 듣는 이의 귀가 자극된다. 식사시간이 다가오는 면접이라면 지원자의 음식 답변을 듣고, 면접 마치고 식사 메뉴로 생각하고 싶을 수도 있다. 한 여름이라면 시원한 음료, 추운 겨울이라면 따뜻한 음식 등을 두드러지게 표현하는 답변도 면접관의 흥미를 일으킨다.

3. 정보를 주라

최근 문화 트렌드나 관심사에 대한 내용은 면접관에게 정보가 될 수 있다. 취업 준비생들의 사이에서의 관심사, 20대 청춘들이 즐겨 찾는 맛집, 활동, 아이템 등은 면접관에게도 새로운 정보로 관심도를 올린다.

4. 상징어

별명, 나를 상징화 하는 상징어, 삼행시와 같은 단단한 표현들은 잘 들리기도 하고 기억에 오래 남는다.

5. 나만의 재밌는 스토리

앞서 강조한 내용이긴 하지만 상대의 기분을 전환시키는 데에는 지원자가 스스로 빠져있는 재미있었던 스토리만한 게 없다. 지원자 스스로가 재미있었고 감동되었던 스토리는 타인에게도 전달이 잘 된다. 무슨 일인지 모르지만 누군가 배꼽잡고 웃고 있다면 옆에 지나가던 나도 괜히 웃음이 나는 감정 전이처럼 말이다.

승무원 합격 답변은 한 번에 만들 수 없다. 나만의 답변을 구성하고 반복적으로 가다듬고 노력해야 합격하는 답변이 만들어진다.

승무원 합격 세 가지 파워를 지녀라

어떤 꿈이든 이루는 것은 자신의 마음가짐에 있다는 말을 많이 한다. 승무원 면접교육을 하면서 '스터디'를 권하기도 한다. 실제로 수료자들끼리 스터디를 할 수 있도록 독려하기도 하는데 함께 하는 사람들의 성향과 준비 방향성이 비슷하면 긍정의 기류를 형성하는데 더 뛰어나기에 그렇다. 무작위로 모여 처음 만나는 사람들끼리 성향을 맞추기란 어렵다. 한 공간에서 함께 준비하며 성과를 내기에는 보이지 않는 스트레스의 중력을 잘 조율할 수 있어야 하는데 이 시간은 그리 녹록치 않다. 그러니 점점 스터디에 결석하게 되고 해체하게 되고, 에너지를 얻을 수 없게 된다.

이렇게 같은 수업 멤버들끼리 면접 스터디를 권하는데 한 그룹은 여러 차례를 말해도 스터디 하는 것을 어려워하는 게 아닌가. 기존의 스터디 멤버들은 진행표도 만들어 내게 보여주며 효율적일지 체크를 받고 스위티들끼리 의견도 나누고 하는데, 이번 그룹은 의아하게도 스터디 진행을 어려워하는 거다. 그래서 수업을 마치고 스터디를 하느냐고 물으니 쑥스러운 듯 얼굴을 붉히며 '저희 아직 스터디를 못하겠어요.'라고 답을 하는 거다. 그래서 어떤 점이 걸림돌이 되냐고 묻자 '저희 아직 답변이 준비되지 않아 스터디를 못하겠어요.'라고 답을 하기에 내가 생각하는 스터디와 스위티들이 생각하는 스터디의 의미가 다르다는 것을 알게 되었다.

스위티는 스터디라고 하면 모의면접을 여러 차례 진행하는 것이라고 생각했던 것이고, 내가 말한 스터디는 모의면접을 위한 답변 내용을 구성하고 나의 것으로 외우고, 정리하는 시간을 말했던 것이다. 이렇게 서로 다른 의미로 받아들일 수 있다는 점에 순간 아찔하기도 했지만 덕분에 스터디는 면접 답변을 구성하는 시간이 우선이라는 점을 전달할 수 있었다. 승무원을 준비하는 시간은 내가 나를 이해하는 답변을 구성하는 것이 우선이다.

❶ 승무원 합격 세 가지 파워

승무원 합격을 위한 세 가지 파워를 소개한다. 외항사든 국내 항공사든 합격자들에게선 사회적인 배려와 예의를 갖춘 태도가 한 눈에 들어오는 점이 전체적인 공통점이다. 하지만 준비생 중에는 이러한 서비스 마인드가 미흡한 경우가 많아 잘못된 방향으로 면접 준비를 하기도 한다.

★ 다섯 번 스피치 파워

답변 준비의 우선순위는 '글이 아닌 말'로 답변을 스피치해 보는 것인데, 어휘를 꼬깃꼬깃 적느라 허튼 데 에너지를 소모한다. '취미'라는 면접 질문을 준비한다면, 먼저 나의 일상에서의 취미가 무엇인지를 먼저 스피치해 보는 거다. "음. 나의 취미는 평소에 필라테스를 하는 것인데, 운동을 하고 나면 기분도 좋아진다." 하다가 틀리면 또 반복해서 스피치하는 거다.

그렇게 다섯 번 반복해서 스피치하면 어느 정도 마음에 드는 답변이 만들어진다. 그리고 그 마음에 드는 내용을 적어두는 것이 면접 답변을 구성하는 방법이다. '취미'에 대해 스스로 파악하기도 전에 글로 적고 답변으로 하려니 어색한 말하기의 악순환이 되곤 한다. 글로 먼저 적어두고, 그것을 외워서 답변으로 스피치하는 것처럼 말이다. 이렇게 먼저 스피치를 하고 답변을 구성하는 것은 볼펜을 쥐고 쓰는 일보다 낯설어 한다. 이처럼 우리는 낯설고 힘든 것에 무의식적으로 엄살을 부리고 피하려는 실수를 한다. 승무원 면접 준비는 글보다 말이 우선이다. 말로 다섯 번 스피치하고 답변을 되뇌어라.

★ 이겨내려는 극복의 파워

영어 단어를 외우는 것은 발음 기호를 적어두는 것보다 다소 귀찮고, 한국어와 영어로 답변을 작성하는 것은 인사 태도를 연습하는 것보다 힘이 든다. 그런데 영어 단어를 외워야 영어 실력이 늘고, 답변 내용을 작성해야 면접을 치를 수 있는데 불편한 것을 피해 조금 더 편한 것을 택한다. 번거롭고 힘든 것이 있을 때 그것을 부딪쳐서 극복하라. 이 극복의 파워는 다음의 목적의 파워와 연결되어 있다.

★ 최종 목적의 파워

무엇을 위해 면접 준비를 하는지 잊거나 편리한 쪽으로 합리화를 시키는 경우가 많다. 나약한 마음에 자신감을 불어넣어 줄 수 있는 방법 중 하나는 매순간 목적을 확인하는 일이다. 2014년 소치 동계 올림픽에서 올림픽 메달을 획득한 500m 스피드 스케이팅 이상화 선수와 피겨의 여왕 김연아 선수에게 우리는 열광했다. '올림픽 메달 획득'이라는 하나의 목표를 가지고 있지만 이 기본적이고 당연한 목표만으로 성과를 내기엔 어려웠다는 것을 선수들의 인터뷰에서 공통적으로 확인할 수 있다.

올림픽을 위해 4년이란 시간을 버틴 그들의 '영광스런 발' 사진을 보면 심적으로, 육체적으로도 힘든 시간이었다는 것을 알 수 있다. 자신의 신체를 다스릴 수 있는 정신력이라면 무엇이든 할 수 있다고 하듯이 신체적인 고통을 강한 의지와 끈기로 극복해낸 것이 우리를 감동시킨다. 그리고 그 노력을 며칠, 몇 개월도 아니고 몇 년을 이어갈 수 있었던 것은 자신의 능력을 최고의 무대에서 발휘하고자 자신과의 싸움에서 스스로를 극복해냈기 때문이다. '메달 획득'이란 목표보다 '최고의 선수'라는 자기 가치적 우위의 목적을 확인케 했다.

　설마 면접 준비의 목표를 '승무원 합격'이라는 나무만을 보는 목표가 아니길 바란다. 면접 준비의 목적은 사회인으로써, 항공사 객실승무원으로써 적합한 '호감 가는 이미지'를 만드는데 있으며 그러기 위해 우리는 훈련을 하는 것이다. 숲을 보는 목적의식이 있어야 즐겁게 훈련할 수 있다. 어떤 상황도 즐겁게 임하는 자는 당할 자가 없다. 엄밀히 말하자면 '승무원 합격'은 '호감 가는 이미지'를 훈련한 것의 산물이지, 면접 준비의 전체 목적이 되기에는 삭막하고 쓸쓸하다. 아무리 취업 대란 속의 청춘일지라도 당신들은 삶의 주인공이 되길 간절히 원하고 있으며 가치 있는 길목을 걷고 있다고 확인하고 싶어 한다. 현실적 목표를 뒤로 한 채 의미와 가치를 부여하는 비전과 목적을 지켜가는 것은 우리의 내면의 강점을 발휘하는 성실성이다. 승무원 면접 준비의 목적은 '호감 가는 이미지'를 연출하고 훈련하기 위해서다.

　스피치로 답변을 구성하고, 번거롭고 힘든 점을 부딪쳐 이겨내며 호감 가는 이미지를 훈련하는 것이 스위트만의 '승무원 합격 준비법'이다. 면접 답변을 위한 '자신 파악하기' 그리고 '3문장 답변법'으로 답변 내용을 작성하기, 나 자신을 스스로 알아가는 그 성찰과 관찰의 힘 속에서 마인드의 변화를 가져 보는 것을 하면 된다. 매순간 승무원이 되기 위한 '호감 가는 이미지'라는 목적을 재차 확인하며 답변을 준비해 나가야 한다.

❷ 합격하는 긍정적인 소통

　합격을 이루는 면접은 자신의 긍정적인 마인드와 노력은 기본이다. 좀 더 풍성한 소통을 원한다면 함께 하는 사람들과의 긍정성을 챙겨라. 외국 항공사에 합격한 스위티가 방문하여 후기를 들려주었는데, 함께 하는 사람들의 중요성을 실감할 수 있었다. 외항사 승무원은 뛰어난 영어 실력은 기본이고 좀 더 적극적으로 다가가는 인재를 선호하는 경향이 있다. 좀 더 넓은 무대에서 자신의 기량을 뽐내고 싶다면 영어 실력을 쌓고 외국인과 서슴없이 생활을 하는 도전이 필요하다.

　외국 항공사 합격생이었던 제자는 목소리가 조곤조곤해 다소 소극적으로 보일 수 있는 조용한 이미지였다. 그럼에도 도전하는 자세는 적극적이었으며 20대의 마지막을 열정 속으로 던졌다. 다니던 직장에 퇴직서를 내고 외국인 모임에 들어섰다고 했다. 주 2~3회 외국인 모임을 세 달 다니며 영어에 대한 친숙도를 높이고 그 안에서 외항사 승무원을 준비하는 동료들과 스터디를 시작할 수 있었다.

　그렇게 몇 개의 스터디를 진행하다보니 스터디 궁합이 잘 맞는 구성원이 추려져 결과적으로 합격의 에너지가 가득한 보석들만이 함께 하게 되었던 것이다. 그녀들은 서로의 개선점을 마음으로 충고해주고, 고쳐주고, 어려움의 눈물을 함께 훔쳐 주기를 반복하며 여섯 명의 멤버 중 세 명이 최종 합격하는 놀라운 일이 벌어졌단다. 합격후기를 말하면서도 아직 남아있는 세 명의 동료들이 어서 함께 비행할 수 있기를 기다린다는 말을 하며 눈가가 촉촉해졌다.

그런 그녀를 보았을 때, '그 의리는 어디서 나오는가.'를 여러 번 외치며 가슴이 뭉클했다. 외국 항공사 승무원을 준비한다면 대부분 영어 실력이 가장 큰 문제라고 한다. 국내 항공사 승무원을 준비한다면 승무원다운 외모가 가장 큰 문제라고 한다. 그렇다면 진정으로 문제가 되지 않는 것은 무엇인가?

서로에게 상냥하고 친절하기가 어색하고, 밝게 웃기가 눈치 보인다면 상호간의 배려와 친절한 맞장구와 칭찬이 있는 플러스 소통으로 관계를 꾸려 가야한다. 이러한 긍정 소통 속에서 지원하는 끈기와 마인드 컨트롤을 이어갈 수 있는 것이니 함께 하는 사람들의 소통의 힘은 중요하다.

승무원 면접 준비생들의 또 다른 공통점은 심리적으로 다운되는 경우가 많다는 점이다. 다른 얘기가 될 수도 있지만 종종 연예인들이 심리적으로 우울했을 때 곁에서 소통하는 한 사람 덕분에 극복할 수 있었다는 기사를 보게 된다. 극도의 우울함은 극단적인 선택이 될 만큼 무섭기도 하지만 한 사람 덕분에 살아갈 수 있다는 점은 희망의 창구가 되기도 한다. 잘 들어주고, 지지해주는 소통의 힘은 승무원 준비생들과 상담 대화 때에도 느낀다.

긍적적인 소통을 위해서는 자립적인 긍정도 필요하다. 나 스스로가 긍정을 유지하는 힘이 되는데 친구와 대화할 때도 '네가 부정적이고, 네가 어두운 마음을 가졌으니 좌절하지'라는 느낌을 주는 'YOU-messages'보다는 '네가 원하는 것을 해나갈 때 내가 더 기쁘고, 나까지 긍정적인 영향을 받는 거 같아'라는 'I-messages'를 좀 더 추천한다. 물론 타인과의 대화도 중요하지만 독서나 운동을 하며 나와 긍적적 대화를 하는 것이 좋다.

나와 긍정적인 소통, 타인과 긍정적인 소통 그리고 비전과 긍정적인 소통은 내가 원하는 것을 이룰 수 있는 성취의 힘으로 이어진다.

❸ 연습만이 살 길

면접 준비는 연습만이 살 길이다. 지난 시간부터 오늘까지 면접 연습을 어떻게 했는지 묻곤 하는데 때론 안타깝기 그지없다.

지원자들의 하루를 잠시 엿보면 아침에 영어 학원 갔다가 카페에서 친구 잠시 만나서 점심 식사와 면접 스터디를 하고 영화보고 저녁에 집에 와서 운동을 하거나 TV를 본다고 한다. 그리고 주로 자정을 넘어서 잠자리에 든다. 오전에 영어 공부하고 점심에 친구를 만나 면접 스터디를 한다고 하지만 혼자 집중하는 시간보다도 친구와 사담을 나누는 시간이 더 많을 것을 알고, 저녁에 가족과 있으니 또 혼자 집중하는 시간보다 가족과 부딪히는 시간이 더 많다. 운동을 다녀와 늦은 시간 책상에 앉으면 또 집중하기 보다는 오늘 있었던 일을 떠올리거나 잡생각을 하게 된다.

이성 친구와 헤어지고 만나는 관계, 동성 친구들과 원활한 관계를 위한 걱정과 불안의 생각들이 많다. 게다가 학생이라면 학교를 오가며 학교생활에 시간이 들고, 아르바이트를 한다면 근무하느라 시간을 빼

앗기고, 정기 근무자라면 하루 종일 회사 관련하여 시간을 들이니 맹연습을 할 시간이 턱없이 부족하다.

실제로 하루 중 삭제할 행동들이 있는지 물어보면, TV 보는 시간과 친구들과 만나고 이야기하는 시간, 일어나지도 않는 걱정이나 불필요한 생각을 하는 것이라고 답을 하는 경우가 많다. 혹시 이 글을 읽는 여러분도 공감을 하는가? 그렇다면 '우리가 걱정하는 것의 40%는 일어나지 않는다.' 와 '한 가지에 집중할 때 원하는 것을 이룰 수 있다'는 명언을 가슴에 새겨보면 좋겠다.

사소한 걱정

걱정의 40%는 절대로 현실로 일어나지 않는 일에 대한 것이고
걱정의 30%는 이미 일어난 일에 대한 것이며,
걱정의 22%는 사소한 고민이고
걱정의 4%는 우리의 힘으로는 어쩔 도리가 없는 것이며,
나머지 4%의 걱정은
자신의 힘으로 바꿀 수 있는 일에 대한 걱정이라고 한다.

— 어니 J 젤린스키

하루에 집중할 수 있는 시간을 보유하고, 집중할 수 있는 마인드를 위해 불필요한 선의 코드를 뽑아라. 그리고 연습하고 연습하며 훈련해

야 한다는 것을 지원자들이 뼛속 깊이 인지했으면 좋겠다. 아침에 기상하고 저녁에 자기 전에 연습하는 것이 아니라 아침에 기상했을 때와 잠자리에 드는 시간을 제외하고 나머지 모든 시간을 면접 연습하는데 시간을 들여야 한다. 당장 답변 내용을 구성하고, 그 내용을 이해하고 맛깔스럽게 요리하는 면접 스피치의 연습을 해야 한다. 그러면서 동시에 화사한 낯빛을 연출하기 위해 마음의 힘을 유지하는 것을 연습하며 인사태도와 전반적인 면접의 안정감과 침착함을 위해 연습하면 된다.

모의면접을 연습하려면 답변이 먼저 갖추어져 있어야 한다. 그래야 말도 하고 미소도 짓고 자신감 있는 표현도 할 수 있는 것이다. 무엇으로 면접관에게 지원자의 진심과 비전을 전달할 것인가. 반듯한 태도와 호감 가는 이미지만 보이고 퇴실할게 아니라면 무엇보다 내가 전달할 내용을 준비하는 것이 우선이다.

지원자들은 면접 답변을 가장 먼저 준비해야 한다. 자연스러운 미소를 짓는 것이 어렵다고 하지만 실은 답변 내용을 구성하는 것이 더 지난한 과정이다. 자신감은 지식에서 나온다는 말처럼 답변 내용은 면접을 위한 최고의 지식이 되고 흩어져 있는 나의 모든 소스들을 한데로 모으는 고단한 작업이다. 답변을 작성하려면 머리가 아프다고 표현하지만 그보다도 어깨가 아프고 허리, 손이 뻐근해지는 신체적 고통이 온다. 쓰기의 고통 중에 그나마 적은 양을 작성하는 것이니 이를 위로 삼아서라도 답변 작성에 시간과 노력을 들이자. 혹시나 다른 지원자들과 비슷한 내용으로 준비하게 되면 면접장에서 중복되는 답을 할 수 있으니 자신만의 사고로 풀어낸 나만의 답변으로 면접 연습을 하자.

스피치 연습의 팁으로 음성 녹음을 적극 권한다. 모의면접 촬영으로 태도와 자세를 확인하고 개선하는 것처럼 나의 스피치를 녹음하고 들어보고를 반복하면서 개선될 수 있다. 수업 시에도 제일 많이 훈련하는 것이 녹음인데, 자신의 목소리를 듣는데 용기가 필요하다. 생각보다 상냥하지 않은 말투와 스피치의 멜로디 감을 위해 노력해야 한다. 틀리면 또 녹음하고, 마음에 들 때까지 녹음하자.

나의 명확한 브랜드를 위해 단단한 3문장 답변을 구성하고, 합격하는 승무원 면접을 위해 연습하자. 나를 알고, 나를 표현하는 대화로 자신감을 가지고 준비해 보자.

합격하는 승무원
강점 답변을
구성하라

"감성을 넣고 자신을 찾는 그런 수업.

어느 질문이 들어와도 저를 표현하는 방법으로 답변 할 수 있어서

자신감도 향상되고 면접이 두렵지 않았어요! 너무너무 감사드립니다!"

– 2017년 대한항공 국제선 객실 승무원 최종 합격 수강생

승무원 면접을 준비하며 답변 내용을 준비하는 것이 가장 어렵다는 말을 많이 들어왔다. 면접 시 답변이 장황해져 마무리를 하지 못하거나 무슨 말을 해야 할지 아무 말도 못하게 된다고 한다. 또한 지원자의 입장에서만 답을 하거나 면접 답변을 외워서 말한다는 인상을 주기도 한다. 혹은 답변 준비를 한 지원자라고 해도 예상치 못한 질문의 경우에는 답변하는데 어려움을 겪는다. 이 모든 것이 답변의 핵심을 무엇으로 말해야하는지 정리가 되지 않기 때문이다. 답변의 핵심은 '나'를 알고, 내가 스스로 '이해'가 되어야 한다.

첫 책 출간 후 면접 답변 내용을 구성하는데 실질적 도움이 되어 작성이 수월했다는 후기를 많이 들어왔다. 또 승무원 공채 대비반 수업을 진행했을 때 면접을 위한 답변 방법과 긍정적인 마인드 컨트롤을 위한 코칭이 유익했다고 한다.

나를 알고, 나를 표현하는 코칭 답변은 결정적으로 면접의 자신감까지 올리는 점이 핵심이다. 수많은 승무원 면접의 예상 질문은 답변에만 그치는 것이 아닌 나에게 질문하며 답하는 나를 이해하는 과정이다. 나의 전공이 승무원에 어떤 연관성이 있을까? 나는 서비스 마인드를 지니고 있을까? 나는 어떠한 가치관으로 살아가고 있으며 근무는 어떻게 해 나갈까? 내가 생각하는 승무원의 장단점은 무엇일까? 내가 승무원이 된다면 제일 먼저 해보고 싶은 것은 무엇일까? 등 스스로에게 진솔한 답을 듣고, 나로써 이해되는 답변을 먼저 구성하는 것이 중요하다. 이후 답변 스킬을 적용하며 면접관이 듣고 싶고 설득되는 답변을 구성해나가는 것이 순서다. 이렇게 나를 정리할 수 있다면 어떠한 질문에도 침착함을 유지하며 답변할 수 있고 신뢰감 주는 답변을 할 수 있다는 기대로 글을 쓴다.

답변
CORE SKILL
10

예상 질문의 수는 200문제를 훌쩍 넘지만 지원자가 답할 수 있는 답변은 크게 10가지 영역으로 구분해 볼 수 있다. 더 이상 그 많은 질문에 기계적으로 답해야 한다는 강박을 가지지 않길 바라며 답변 10개의 영역에 대한 답변 CORE SKILL을 소개한다.

답변 영역	내용
1. 자기소개 하는 답변	지원 서류에 명시된 자신을 소개하는 답변이다.
2. 좌우명 답변	지원자 자신과 관련된 질문들은 인생관과 통한다.
3. 서비스 태도 답변	고객 욕구와 응대에 대한 서비스 답변이 있다.

4. 기내 롤 플레이 답변	기본적인 대처법을 넘어 최악의 경우를 질문해 올 경우 지원자가 최대한 침착하게 답할 수 있는 답변이다.
5. 항공사 답변	지원하는 항공사의 정보와 최근 소식으로 답변한다.
6. 시사 답변	시사적인 질문에 답할 수 있는 답변 공식이 있다.
7. 승무원 면접 준비 답변	승무원 면접을 준비하는 과정에 대한 답변이다.
8. 합격한다면 답변	입사 이후의 근무와 계획을 답한다.
9. 나를 표현하는 답변	나를 비유하는 색깔, 인상 깊은 책, 영화 등으로 답한다.
10. 일상 답변	신변잡기적인 일상에 대한 답변이다.

기존의 답변법 준비와의 차이점은 여기에 있다. 기존에는 예상 질문 즉, 면접관의 입장에서 답변을 준비했다면 '답변 CORE SKILL'은 지원자의 입장에서 할 수 있는 답변이 중심이 된다는 점이다. 지원자의 답변을 수차례 수정하는 과정 속에서 답변 내용들의 패턴을 발견하였는데, 이것이 답변 공식이다.

면접관에게 들려주기 위한 답변은 합격을 위한 답변에 신경 쓰느라 지원자 스스로의 답변을 꺼내지 못한다는 것을 알 수 있었다. 면접에서 긴장해 지원자가 하고 싶은 말을 하지 못하는 상황이 발생하지 않도록 '답변 CORE SKILL'을 작성하게 되었다. 지원자는 나의 장점을 제대로 표현하는 취업 준비의 시간이 되길 바란다. 위 10가지 영역에 대한 나의 생각들을 풀어 낼 수 있어야 하는데 나의 적합한 점과 강점을 파악하는 게 우선이고 그러다 보면 답변 구성이 훨씬 수월하다.

02

나의
강점 답변
CORE SKILL

"엉켜있는 생각들을 풀어내라."

답변 CORE SKILL 구성법의 핵심은 엉켜있는 생각들을 풀어내는 것이다.

자기소개서를 작성할 때 통상적으로 한 항목당 약 500자~1000자의 글자 수를 채워야 한다. '지원동기, 입사 후 포부, 성장배경'이 가장 기본적인 항목인데 많은 지원자가 어려워하는 부분이다. 자기소개서 첨삭을 위해 메일로 자기소개서를 받다보니 몇 가지 특징을 발견했다. 글자 수를 훌쩍 넘겨 작성하거나 반대로 무슨 말을 어떻게 써야할지 몰라 몇 줄 밖에 작성하지 않았거나 두 경우 모두 글자 수를 맞추지 못했다.

장황하거나 짤막하거나, 횡설수설하거나 자신에 대해 요약만 해 놓았거나, 진부하거나 새침하거나 이 모두 정리가 되지 않은 내용이라는 공통점을 가지고 있다. 내용 정리가 되어있지 않다면 자기소개서보다 간결하게 구성되는 면접 답변용 자기소개와 지원동기에서 더 극명하게 드러난다. 회사에 맞춘 기계적인 냄새가 나거나 회사에 무조건 충성하겠다는 무모한 열정만 보이는 글은 지원자가 키워드를 찾지 못해 글이 명확하지 않은 것이다. 모두 정리가 안 된 내용들이다. 정리가 안 되었다는 것은 스스로 무엇을 전달해야 하는지 키워드를 뽑지 못한다는 것이며 상대에게도 전달이 잘 안 된다. 엉켜있는 지원자들의 생각을 풀어보자.

답변 CORE SKILL

1단계 코칭 질문 답하기 → 2단계 키워드와 사례 구분하기 →
3단계 키워드 우선순위 정하기 → 4단계 3문장 답변 구상하기

---

❶ 1단계 코칭 질문 답하기

엉켜있는 생각 덩어리들을 떼어내는 작업이다. 아래 제시된 코칭 질문에 따라 코칭 답변을 작성해 보길 바란다.

잠시 눈을 감고 머릿속으로 그림을 그려 볼 거다. 그전에 약속을 먼

저 하자면 '북극곰'은 떠올리지 말아야 한다는 점이다. '북극곰'은 절대 떠올리지 말자. 자! 이제 머릿속에 그림을 그려보자. 하얀 눈이 쌓인 얼음 바닥과 빙산들이 있다. 저 멀리로 보이는 산은 희뿌연 눈가루가 운무처럼 설운을 드리우고 있다. 서린 입김에 얼음 조각들은 더욱 투명해 보이고 멀리서 어떤 형체가 움직이며 내 앞으로 다가오고 있다. 오로지 새하얀 색으로 뒤덮인 그곳에 움직이는 무엇이 보이는가. 뽀로로? 설마 '북극곰'을 떠올리지 않았길 바란다.

이렇게 미리 주어진 상황이나 제한을 두면 그것에 대해 더 집요하게 생각하는 경향이 있다.

이처럼 지원자에게 면접 상황을 떠올리지 말 것을 주문하는 것은 어려운 일이다. 하지만 한계를 만드는 울타리를 벗어버릴 때 진솔한 자신과의 만남이 가능하고 긴장도 낮출 수 있기에 노력해 볼만하다. 지원자가 원하는 면접 답변을 구상하기 위해서는 면접 상황을 마음에서 내려놓는 것이 먼저 필요하다.

잠시 후에 나오는 코칭 질문은 면접 시의 지원자를 위한 것이 아니라 본연의 자신에게 묻는 질문이라는 점을 기억하자. '모든 답은 자신에게 있다'는 코칭의 철학답게 자신을 바라볼 수 있는 질문이니 드넓은 평야에 두 팔 벌려 서서 온전히 나를 위한 질문으로 흡수해 보자.

자신에게 묻는 코칭 질문

Q. 지금까지 성취를 이룬 경험은 무엇인가요?

Q. 그때의 경험을 육하원칙에 근거해서 상세히 설명해 주시겠어요?

Q. 그때 내가 발휘한 나의 장점 한 가지는 무엇인가요?

Q. 그 장점이 발휘된 또 다른 성취 경험이 있나요?

Q. 앞으로 1년 뒤 나의 모습이 그려지나요?

❷ 2단계 나의 강점 키워드와 사례를 구분하라

재미있는 단계다. 지원자가 풀어놓은 1단계 코칭 질문의 답은 칠판에 가득하다. 어떤 수정도 없이 응답 어휘들이 자유롭게 흩어져 있다. 이 내용들을 들여다보는 시간을 가진 후 두 가지로 명확히 분류 작업을 해보자. 강점 키워드와 사례를 구분해보자.

지원자의 자질과 성향이 보이는 키워드들과 그 키워드의 근거가 되는 사례를 구분한다. '나에게도 이러한 사례가 있었구나, 이러한 자질과 장점이 있구나' 확인하게 된다는 말을 많이 들었다. 보통 여덟 가지 정도의 나의 강점 키워드를 정리하게 된다. 그리고 한 가지 사례로 두세 가지의의 강점 자질이 있을 수도 있고, 한 가지 키워드가 다른 사례에서도 확인될 때가 있다. 이러한 모든 경우를 하나하나 정리하면 여덟 가지 이상이 될 수도 있다. 예를 들어 전시회에서 근무를 했다면 고객응대에 관련된 사례가 있을 수도 있고, 근무하는 동료와의 갈등 사례, 근무를 통한 사회인으로써 배운 사례가 있을 수 있다. 이 각각에 대해 서비스 마인드, 팀 화합이나 소통, 책임감 등의 자질과 같은 나의 강점을 발견하게 된다. 모두 떼어서 각각 한 가지의 내용으로 정리한다.

강점 키워드는 면접 질문의 핵심 답변이다. 앞서 말했듯이 모든 면접은 지원자가 승무원으로써 어떤 장점이 있고 적합한지를 파악하기 위한 질문이므로 나의 강점 키워드는 모든 답의 핵심이 된다.

❸ 3단계 나의 감점 우선순위 정하기

이제 강점 키워드의 우선순위를 정한다. 우선순위는 기본적으로 직무수행 능력, 지원자 자질, 서비스 마인드의 순을 따르면 된다. 지원자들이 많이 쓰는 키워드 중에 하나가 '감성 소통'과 '배려'인데 이것은 서비스 마인드에 해당되며 지원자 자질을 말하는 외국어 실력이나 직무수행 능력의 책임감, 성실성보다 하위 개념이 된다.

물론 사례와 근거가 탄탄한 '소통'이라면 순서가 바뀔 수도 있지만 대부분 다양한 나라의 사람들과 언어적, 문화적 이해를 하는 내용으로는 부족하다. '소통'을 통해서 수상을 했거나 누가 들어도 소통을 잘하는 지원자라는 생각이 들 정도의 구체적인 사례라면 1순위의 키워드가 될 수 있다. 이처럼 내가 뽑은 키워드의 우선순위는 승무원의 기본 키워드와 탄탄한 사례의 교집합이 되어야 한다.

승무원 키워드		탄탄한 사례
1. 직무수행 능력	성실성, 책임감, 신뢰, 팀 화합	수상 경력 / 공모전 수상 / 인턴 경험
2. 지원자 자질	외국어 실력, 체력, 친화력	장학금 / 어학연수 에피소드 / 해외 경험
3. 서비스 마인드	소통, 배려, 사랑, 봉사, 감사	공식적인 대외 활동 / 우수 사원 / 칭찬 레터

승무원 키워드와 탄탄한 사례를 동시에 만족시킨다면 당연히 답변 1순위 되겠다. 누구든 인정해 주는 성과에 대한 구체적인 내용 서술이라면 탄탄한 사례가 된다.

예)

키워드 '소통' + 사례 '외국어 소통을 통한 팀 프로젝트 성과로 해외 휴양지 티켓을 상금으로 받았다' = 1순위 키워드

키워드 '소통' + 사례 '감성 서비스 시대인 만큼 아르바이트를 통해 고객의 마음을 먼저 읽는 소통 능력을 배웠다' = 3순위 키워드

이러한 기준으로 우선순위를 정한다. 사례 '외국어 소통을 통한 팀 프로젝트 성과로 해외 휴양지 티켓을 상금으로 받았다'에서 '소통'보다 좀 더 구체적인 사례와 서브 키워드를 문장에 녹일 수 있다. 외국어 실력, 의견 조율, 팀원에 대한 이해와 배려 등과 같이 말이다.

❹ 4단계 나의 강점 키워드에 따른 3문장 답변법 구성하기

각각의 키워드에 사례를 넣어 문장을 만든다. 사례에 해당되는 에피소드, 들은 것, 느낀 것, 기사 등이 되고 문장의 길이는 3문장 정도로 간결할 수 있으면 좋다. 하지만 내용의 연결성이 지켜지는 범위에서 3문장이라는 의미이므로 지나치게 3문장을 맞추려는 건 어색하다. 세 덩어리의 내용으로 구성한다는 생각으로 해보자.

3문장 답변법 예시

• 나의 강점 키워드 : 팀 소통

저의 강점은 팀과의 원활한 소통 능력입니다.
영어로 진행되는 해외 팀 프로젝트를 진행하며 팀원들 각자의 외국어 실력을 잘 발휘해야 했습니다. 각자 맡은 역할에 대해 준비를 해오고 그에 대해 의견을 조율하며 팀 프로젝트 성과로 해외 휴양지 티켓을 상금으로 받았습니다. 이때 팀원에 대한 이해와 배려가 있었기에 가능했다고 생각합니다. 이러한 팀 소통 능력은 승무원으로 근무하면서도 고객 감동을 일으키는데 도움이 될 것입니다.

물론 사례에 더 구체적인 해프닝이 있다면 듣는 사람에게 더욱 흥미롭고 설득력 있게 와 닿는다. 추가 질문은 휴양지 장소나 그곳에서의 기억에 남는 일을 물을 것이다.

• 나의 강점 키워드 : 팀 플레이어

저의 장점은 원활한 팀 플레이어라는 점입니다.

학교 대외 활동을 하며 10여명의 팀원들과 함께 공동의 업무를 진행해야 했습니다. 고객 설문 조사를 하며 어떤 내용의 설문을 해야 할지 각기 다른 의견으로 약간의 갈등도 있었지만, 팀장이었던 저는 최대한 모든 의견을 다 듣고, 각 의견에 대해 손을 들어 선택하는 방법으로 진행했습니다. 설문 조사가 끝난 후 성공적인 부분과 아쉬웠던 부분을 함께 공유하며 갈등보다는 타인의 의견도 일리가 있다는 것을 서로 배울 수 있었습니다. 이렇게 팀장으로써 노력했던 점은 승무원이 되어서도 원활한 팀 플레이어가 되는데 도움이 될 것이라고 생각합니다.

조금 긴 답변이지만, 구체적인 상황을 자근자근 설득력 있게 전달하면 된다. 이렇게 나만의 강점 키워드 여덟 가지 이상이 정리되어 있다면 면접 답변의 80%가 완성되었다고 봐도 좋다. 이때 주의할 점은 승무원의 필수 키워드를 꼭 포함하고 있어야 한다는 점이다. '건강한 체력, 국제적인 소통, 친화력, 팀 화합' 등의 키워드는 승무원의 기본 자질이므로 3문장 답변을 꼭 준비하면 좋다.

기본 답변
4가지 만들기

정리된 나의 강점 답변을 중심으로 면접 기본 답변 4가지를 구성한다. 이 책을 통해 흐름으로 적는다는 점과 열정과 의지를 담아야 한다는 점을 고려하여 준비해 보길 바란다.

❶ 자기소개 해보세요

자기소개 답변 형태는 강점 형태, 긍정 상징어 형태로 크게 구분지어 준비하면 좋다. 강점 형태란 앞서 준비한 나의 강점 답변의 키워드를 두 가지 정도 소개하는 내용으로 구성하면 되고, 긍정 상징어 형태는 나를 브랜드로 표현하는 상징어를 사용한다. 예를 들어 별명이나 신선한 상징어가 있으면 좋다. 일반적으로는 에스프레소, 크리스마스 선물, 시계, 종달새, 다람쥐, 라임 오렌지 등 자신의 성향을 잘 비유할 수 있는 상징어를 사용한다. 하지만 다른 사람과 겹칠 우려가 있는 답변 형태이기에 개인에 맞추어 상징어를 만들어내는 것도 우리의 과제다. 아이디어 창고에서 빌려오는 것보다는 스스로 고안해내야 의미가 있다. "저는 크리스마스 선물 같은 사람입니다."로 시작하는 자기소개 답변을 한 지원자가 합격하면서 너도 나도 이 문구를 사용하여 성의 없는 서류가 되기도 했다. 문장의 마무리는 "이러한 점들로 ㅇㅇ항공사에서 승무원이 되고 싶습니다."와 같은 의미로 마무리하면 자기소개로 충분하다.

❷ - 1 지원동기를 말해 보세요(공통 질문의 경우)

지원 동기는 앞서 자기소개에서 말하지 않은 강점 키워드로 구성하면 좋다. 간혹 자기소개 내용을 변형해서 지원동기도 준비하는 경우가 있는데 좀 더 열정을 더하기 바란다. 두 질문을 모두 받는다면 겹치는 답변을 할 것인가? 같은 내용으로 자기소개도 되고 지원동기도 되지만 성실한 지원자라면 충분한 답변을 준비할 것이다. "이러한 점들로 ㅇㅇ항공의 승무원이 되기 위해 지원하게 되었습니다."라는 의미로 문장을 마무리하면 지원동기 답변이 된다.

❷ - 2 지원동기를 말해 보세요(계기가 궁금한 경우)

전공이 전혀 상관없을 것 같은데 왜 지원했는지, 다른 곳에서 근무하고 있는데 왜 지원했는지, 좀 늦은 감이 있는데 왜 지금 지원하게 되었는지 등 지원하게 된 계기를 묻는다. 이때도 강점과 사례로 구성할수 있지만 자칫 질문의 의도와 다르게 준비된 나의 장점만 말하게 되어 어색한 답변이 될 수 있으니 궁금해서 질문하는 그 마음에 답변을하는 것으로 시작하면 된다. "저는 건축학을 전공하였습니다. 다소 관련이 없어 보이지만~", "근무를 하면서 좀 더 고급 서비스를 할 수 있는~", "전부터 OO항공 승무원이 꿈이어서 노력해왔습니다. 결과가 좋지 않기도 했고 사회적인 경험이 필요하다고 생각하여 근무를 하게 되었습니다. 그러한 근무생활은 저에게 사회인으로써 성실함과~" 등으로 받아들이는 답변으로 시작하면 듣는 입장에서도 진심이 느껴진다.

❸ 입사 후 포부를 말해 보세요

강점 키워드로 구성해도 되지만, 입사 후 구체적인 계획이나 포부를포함해야 하므로 강점 키워드의 사례를 지나치게 늘어놓지 않는 선에서 구성한다. 보통 정직원이 되는 포부부터 객실 팀장이 될 때까지의 장기 계획, 업무에 필요한 구체적인 실행사항 등을 내용으로 구성한다. 기내방송 자격취득, 팀 화합, 건강한 체력, 영어 실력, 제 2외국어 실력 등 전체적으로 방향성은 비슷하지만 각자의 진정성과 표현력, 스피치 솜씨에 따라 차별성이 느껴진다.

❹ 마지막 하고 싶은 말이 있다면 해 보세요

앞서 말하지 않은 강점을 말하거나 말했다하더라도 나를 가장 잘 드러낼 수 있는 강점 키워드를 선택해서 구성한다. 이 답변의 가장 중요한 점은 무엇보다도 절실함과 열정, 의지가 담긴 답변이어야 한다는 점이다.

"저는 누구보다도 OO항공사의 고객과 친밀한 승무원이 될 수 있는 점이 최대 장점입니다. 이러한 점을 바탕으로 오랫동안 근무하는 승무원이 되겠습니다."

이 답변이면 사실 충분하다. 하지만 이 내용을 얼마나 절실하게 전달하느냐는 꿈에 대한 지원자의 열망만큼이 될 것이다.

면접장에서는 기본 질문 네 가지를 다 하는 경우도 있지만, 이 중에서 한 가지 답변만 해야 하는 경우도 있다. 면접에서 꼭 어필해야 할 나의 장점은 어떤 질문에서도 놓치지 말자. 나를 알고 발견하는 강점 답변은 어느 질문이 들어와도 나를 표현하는 방법으로 답변할 수 있어서 자신감도 향상되어 면접이 두렵지 않게 된다.

PART

3

합격하는
승무원 답변
CORE SKILL 10

나의 강점 답변과 기본 답변 네 가지를 구성했다면, 다음은 기출 문제 답변 구성이다. 면접관 입장이 아닌 지원자의 입장에서 준비하는 답변이 핵심이다. 면접장에서 가장 빈번하게 등장하는 기출 문제 10가지 영역을 다시 살펴보자.

답변 영역	내용
1. 자기소개 하는 답변	지원 서류에 명시된 자신을 소개하는 답변이다.
2. 좌우명 답변	지원자 자신과 관련된 질문들은 인생관과 통한다.
3. 서비스 태도 답변	고객 욕구와 응대에 대한 서비스 답변이 있다.
4. 기내 롤 플레이 답변	기본적인 대처법을 넘어 최악의 경우를 질문해 올 경우 지원자가 최대한 침착하게 답할 수 있는 답변이다.
5. 항공사 답변	지원하는 항공사의 정보와 최근 소식으로 답변한다.
6. 시사 답변	시사적인 질문에 답할 수 있는 답변 공식이 있다.
7. 승무원 면접 준비 답변	승무원 면접을 준비하는 과정에 대한 답변이다.
8. 합격한다면 답변	입사 이후의 근무와 계획을 답한다.
9. 나를 표현하는 답변	나를 비유하는 색깔, 인상 깊은 책, 영화 등으로 답한다.
10. 일상 답변	신변잡기적인 일상에 대한 답변이다.

01

답변
CORE SKILL 1
– 자기소개

지원 이력사항에 근거한 자기소개 답변 영역이다. 인재를 가늠하는데 기초적인 질문인 동시에 최종 면접 때까지 영향을 미치는 중요한답변 내용으로 세심히 준비해야 한다.

지원 서류에서 예상할 수 있는 비교적 쉬운 답변 영역이므로 아래 제시된 '이력서에서 예상되는 질문'을 중심으로 차분히 자신의 답변을작성해 보자. 그리고 전공, 학교생활, 근무경력의 코칭 질문을 통해 지원자의 머릿속에 엉켜있는 덩어리들을 풀어내고 좀 더 다양한 지원자의 자원이 나올 수 있도록 답변을 작성하기 바란다.

❶ 기본 질문 4가지

어느 면접에서든 필수인 자기소개와 지원하게 된 동기, 입사 후 포부, 마지막 하고 싶은 말을 준비하자. 어떤 형태의 답변으로 풀어갈 것인지 키워드는 무엇인지를 파악해 구성해 나간다. 그 중에서 답변 키워드를 캐내기 위한 코칭 질문에 성의껏 답을 채워 자기소개, 지원동기, 입사 후 포부, 마지막 하고 싶은 말의 답변을 구성해 보자.

답변 CORE SKILL

1단계 코칭 질문 답하기 → 2단계 키워드와 사례 구분하기 →
3단계 키워드 우선순위 정하기 → 4단계 3문장 답변법 구상하기

★ 1단계 코칭 질문 답하기

코칭 질문에 대한 예시 답변은 면접용 답변이 아니며 지원자들은 자유롭게 답하면 된다. 이 답변 내용을 바탕으로 면접에 적합한 내용을 구성해 나가면 된다. 질문에 따라 자신의 에피소드를 모두 끄집어내기 바란다. 면접상황에 맞는지를 거르지 말고 경험들을 모두 쏟아 내어 작성해 보자. 유용한 사례가 된다.

성적 장학금, 해외 문화 탐방, 전공 세미나 참석, 수업 프로젝트 성과, 동료와의 친밀했던 경험, 학교 축제, 체육대회, 휴학 시 활동, 어학연수, 교환 학생, 학회 임원 활동 등을 떠올리면 좋다.

(1) 자기소개하기

코칭 질문에 대한 답변을 바탕으로 면접 때 '자기소개하기' 답변을 구성하면 된다.

Q. 지금까지 학교생활 중 가장 성과와 성취감이 있었던 활동은 무엇인가요?

{ 답변 예시 }

대학교 1학년 때 준비했던 '세계에서 가장 특이한 건축법'을 조별 활동으로 1등을 하여 팀원 전체가 해외여행을 할 수 있는 티켓을 받았던 일이 기억에 남습니다. 건축공학과의 신입생으로 학교생활의 시작과 함께 넓은 안목을 가질 수 있었고, 세계 여러 나라의 건축물을 선배님들과 함께 조사하는 것이 재미있었습니다. ·유명한 건축물은 건축법만 아니라 건축자의 혼과 여러 인문학적인 요소들이 작용한다는 것을 발표하였는데 좋은 성과가 있었습니다. 조별활동부터 해외여행까지의 경험은 팀 협력의 중요성을 깨닫는 기간이었습니다.

Q. 지금까지 학교생활 중 가장 기억에 남는 활동이 있나요?

- 축제, 수상, 팀 활동

Q. 수상 경력이나 대외활동 경험이 있나요?

- 구체적인 역할, 성과

Q. 그 활동이 나의 어떤 강점을 발휘하게 하였나요?

- 원활한 소통, 과제 지속력

Q. 그 활동들로 어떤 점을 배우게 되었나요?

- 배려, 책임감, 리더십

Q. 학창 시절 선생님으로부터 들었던 칭찬이 있나요?

- 항상 웃는 모습이다, 매사 성실하다, 어디서든 적응을 잘한다.

● 면접관의 기대 : 서비스인으로써 사교성과 융화력, 직장인으로써 성실성과 책임감 있는 태도

● Tip : 지원자에 대한 기본적인 호기심에 해당한다. 그동안 어떻게 공부해오고, 어떤 경험을 해왔는지를 소개하며 지원자의 적합한 자질을 보인다. 강점 키워드 답변 형태와 긍정 상징어 답변 형태 두 가지로 준비해 두고 여섯 줄 정도의 분량이면 좋다.

● 유사 질문

Q. 자기소개를 해보세요.

Q. 당신은 어떤 사람인지 한마디로 표현해 보세요.

Q. 성장 배경을 말씀해 보세요.

Q. 학교 친구나 교수님이 지원자를 어떤 사람이라고 말하나요?

(2) 지원동기

● 면접관의 기대 : 기업에 적합한 지원자의 강점과 핵심자질 파악 그리고 기업에 대한 애정

● Tip : 승무원을 하고 싶은 순수한 동기와 지원자의 능력에 대한 궁금증을 해소하면 좋다. 단, 승무원이 되려는 계기를 길게 늘어뜨리는 답변은 지양한다.

● 유사 질문

Q. 우리 회사에 언제부터 관심 있었나요?

Q. 객실 승무원을 왜 하고 싶은가요?

Q. 다른 동종 기업도 많은데 왜 우리 회사에 지원하였나요?

Q. 지원하게 된 특별한 이유가 있나요?

(3) 입사 후 포부

입사 후 포부를 위한 코칭 질문과 답변 예시

Q. 입사하면 무엇을 가장 먼저 할 것 같나요?

A. 입사한다면 신입 교육을 잘 받고 싶다. 안전과 서비스의 교육을 받는다고 알고 있다. 특히 비행 안전 교육하는 장면을 TV프로그램에서 본 적이 있는데 어려워보였지만 입사한다면 안전 교육을 제일 받아보고 싶다.

Q. 입사 후 신입 훈련을 받는다면 어떤 다짐으로 훈련에 임할 것인가요?

A. 비행 안전과 서비스 마인드를 갖춘 전문적인 승무원이 된다는 자부심으로 성실히 임할 것이다.

Q. 입사 후 1년쯤 되었다고 상상해 보세요. 어떤 모습과 마인드로 근무하고 있을까요?

A. 1년 뒤에 팀원들과 돈독하게 동료애가 쌓였을 것 같다. 다른 팀원들과 근무를 하며 밝은 모습과 업무를 잘하는 점으로 인정받을 것 같다.

Q. 그렇게 근무하며 입사 3년차가 되었다고 상상해 보세요.

항공사의 모든 노선은 다 근무해봤을 것 같고 꾸준한 운동으로 건강한 체력을 갖추고 있을 것 같다.

Q. 어떤 후배가 좋게 느껴질까요?

A. 밝은 미소, 먼저 다가오는 태도, 자신의 업무를 책임감 있게 하는 후배

Q. 어떤 선배가 좋게 느껴질까요?

A. 업무 지도해주는 선배, 직장인으로써 배울 수 있는 선배

Q. 나는 어떤 갈등을 하고 있을까요?

A. 정직원이 되는 직원, 진급, 선후배의 동료관계

Q. 입사 후 10년간 근무하며 사무장이 되었다면 회사로부터 어떠한 능력을 인정받았기 때문일까요?

A. 매 비행에서 성실한 직원, 고객 칭송 레터를 많이 받은 직원

Q. 항공사 사무장으로 근무하며 어떤 능력이 키워질 것 같은가요?

A. 책임감, 안전의식, 팀 화합

Q. 팀의 사무장으로 어떤 팀원이 함께 일하기 좋을까요?

A. 팀원의 이야기에 귀를 기울여주는 사무장, 업무를 철저히 리드하는 사무장

Q. 어떤 팀원이 팀의 성과에 도움이 될까요?

A. 팀원과 협력, 책임감, 사교적이고 친밀한 성향

Q. 어떤 팀원이 사무장 역할을 하는데 도움이 될까요?

A. 직무 수행력, 업무 이해도, 팀 화합

Q. 팀원으로 이런 성향의 사람만은 아니었으면 좋겠다고 생각하는 성향은 어떤 성향인지 세 가지 말해 보세요.

A. 웃지 않는 표정, 무책임, 무관심

Q. 팀 사무장이라면 신입 승무원에게 최소한으로 기대하는 사항이 있다면 어떤 것일지 세 가지 말해 보세요.

A. 밝은 표정, 센스 있는 업무태도, 성실성

이 질문에 답변은 면접용 답변이 아니며, 지원자가 마음에서 우러나오는 답변이면 충분하다. 그 후 면접 답변에서 회사의 인재상과 부합하고 객실 승무원의 자질을 표현해도 충분하다.

- 면접관의 기대 : 기업의 비전과 인재상에 맞추어 승무원으로써 성장하고 발전하는 태도.

- Tip : 뜻만 있는 포부는 막연하고 추상적이니 뜻과 행동이 있는 구체

적인 계획을 말하면 좋다.

● 유사 질문

Q. 어떤 승무원이 되고 싶은가요?

Q. 입사 후 얼마나 근무하고 싶은가요?

Q. 입사하게 된다면 우선 무엇을 할 것 같나요?

Q. 우리 항공사에서 서비스를 한다면 어떤 마인드로 할 것인가요?

(4) 마지막 하고 싶은 말

마지막 하고 싶은 말을 위한 코칭 질문과 답변 예시

Q. 이 면접을 마치고 면접관이 나의 어떤 점을 기억하면 좋을까요?

A. 면접관이 나의 밝은 미소와 친절한 말투를 기억해 주면 좋겠다.

Q. 면접장 퇴실 후 말하지 못해 후회가 되는 점이 있다면 어떤 말일까요?

A. 건강한 체력을 말하지 못하면 아쉬울 것 같다. 어릴 적부터 체육을
좋아해서 체육 대회 때마다 선수로 활동했었다.

Q. 내가 가진 00항공 승무원으로써 최고의 자질은 무엇인가요?

A. 나는 상냥한 성향이 최고의 자질이다.

Q. 각오 한마디 해 주세요.

A. 입사한다면 퇴임까지 다닐 것이다.

- 면접관의 기대 : 지원자의 강력한 입사 의지와 강점.

- Tip : 추상적인 열정보다는 지원자의 강점과 강력한 의지와 입사 후 포부를 어필하면 된다.

- 유사 질문

Q. 마지막으로 자신을 어필해 보세요.

Q. 자신에 대해 더 말하고 싶은 분 있나요?

Q. 면접관이 당신을 어떤 사람으로 기억했으면 좋겠어요?

Q. 면접관이 어떤 사람을 뽑을 것 같은가요?

★ 2단계 키워드와 사례 구분하기

코칭 질문에 따른 답을 보며 키워드와 사례로 구분해 보자. 그 각각의 답변에 이어 질문하여 '나의 키워드'를 뽑아보자.

> Q. 그때 내게 채워진 욕구는 무엇이었는가?
> Q. 그때 발휘된 나의 강점은 무엇이었는가?

이에 따른 '욕구'와 '강점'은 나의 키워드가 되고 각각의 키워드와 사례를 정리해 보자. 책임감, 성실성, 팀 화합, 융화력, 친화력, 체력, 외국어 실력, 소통, 공감, 경청, 배려 등이 키워드이고 활동 경험이나 근무했던 곳에서의 에피소드가 사례다.

★ 3단계 키워드 우선순위 정하기

앞서 언급한 키워드의 우선순위를 정해 나열해 본다. 수상, 선정, 장학금과 같은 뚜렷한 성취성과에서 개인적 깨달음 순으로 하면 좋다.

★ 4단계 3문장 답변법 구성하기

면접 답변 구성은 간결한 3문장 답변법으로 한다. 답변의 키워드와 그에 맞는 사례와 근거 그리고 질문에 대한 리마인드 답변으로 말하는 연습을 하면 핵심적인 답변을 구성하게 된다. 대부분의 면접 답변은 3문장 정도의 간결성을 유지하는 것이 중요하지만 기본 답변의 자기소개와 지원동기는 최대 여섯 줄 정도로 자신을 충분히 어필해도 좋다. 꼭 3문장이라는 의미보다 답변 프로세스를 키워드, 사례, 리마인드 3단계로 구성해 보자. 그리고 '꿈', '동경', '열심히', '최선' 등의 추상적인 어휘보다는 '비전', '목표', '효율적', '성과' 등의 구체적이고 실행이 가능해 보이는 문장으로 작성한다. 또한 지원회사에 대한 경영이념 및 슬로건, 키워드를 적절히 사용하여 타 항공사의 지원과 차별을 둔다.

(1) 자기소개 샘플 답변

{ 강점 키워드 편 }

저는 ∞항공 승무원으로써 팀 협력을 잘 할 수 있는 점이 장점입니다. 전공을 하며 '세계 000 건축법'을 조별 활동으로 1등을 하여 팀원 전체가 해외여행을 할 수 있는 티켓을 받았던 일이 가장 기억에 남습니다. 세계 여러 나라의 건축물을 선배님들과 함께 조사하는 것이 재미있었고 유명한 건축물에는 건축자의 혼과 여러 인문학적인 요소들이 작용한다는 것을 팀원들과 함께 알게 되어 좋은 성과가 있었던 것 같습니다. 이렇게 조별활동에서 해외여행까지의 경험은 팀 협력의 중요성을 깨닫는 기간이었습니다. 제가 글로벌 항공사인 ∞항공의 승무원이 되어서도 팀과 함께 협력하여 최고의 고객감동을 이뤄내고 싶습니다.

{ 긍정 상징어 편 }

＊ 2017년 대한항공 합격생 긍정 상징어를 바탕으로 재구성하였습니다.

저는 '오란씨'와 같은 지원자입니다. '오란씨'는 함께 대외 활동을 하던 동료들이 저의 밝고 긍정적인 장점을 말하며 붙여준 별명입니다. 하루에 10시간이 넘게 서서 근무하며 몸은 힘들었지만 좋은 동료들과 기분 좋게 근무하면 몸의 피로가 싹 가신다는 것도 경험할 수 있었습니다. 그리고 평소에 자전거 타기를 좋아해서 00대교를 매일 오가며 체력을 기르고 있습니다. 이러한 밝고 건강한 장점을 바탕으로 최고의 항공사인 대한항공의 '오란씨' 같은 승무원으로써 근무하고 싶습니다.

(2) 지원동기 샘플 답변

{ 강점 키워드 편 }

저의 서로 협력할 줄 알고 유쾌한 성격이 ㅇㅇ항공 승무원으로써 장점이라고 생각하여 지원하게 되었습니다. 학교생활의 팀 과제와 아르바이트 팀 근무를 하면서 서로 소통할 일들이 많았습니다. 한번은 한창 바쁜 근무 타임이었는데 다음 교대 근무자가 갑자기 오지 못한다는 소식을 받았습니다. 저도 다음 일정이 있어서 곤란한 상황이었지만 가게 사정상 제가 근무하지 않으면 많은 고객을 응대하는데 큰 어려움이 있을 것 같았습니다. 그래서 일정을 조정하여 무사히 매장 마감을 할 수 있었습니다. 사장님과 다른 동료들이 무척 고마워했고 더욱 돈독한 사이가 되었습니다. 이러한 저의 장점은 ㅇㅇ항공 승무원으로써 성실히 근무를 할 수 있을 것이라고 생각하여 지원하게 되었습니다.

{ 지원하게 된 계기 편 }

Q. 힘든 직업인데 왜 승무원을 지원하셨어요?

저는 항상 친절한 태도로 고객을 응대하고, 최고의 서비스를 할 수 있는 ㅇㅇ항공 승무원이 꼭 되고 싶어 지원하였습니다. ㅇㅇ항공은 기내 서비스 최고의 상을 13년째 수상할 만큼 친절하고 고급스러운 서비스가 최대 장점입니다. ㅇㅇ인턴을 하며 친절 우수 사원이었고 그 경험을 살려 친절한 고객응대로 ㅇㅇ항공을 더욱 빛내는 승무원이 되고 싶습니다. 그리고 승무원은 다양한 나라에서 근무를 하는데 그래서 비행 근무가 더욱 기대됩니다. 참신하고 건강한 비행을 하는 ㅇㅇ항공의 캐빈 승무원으로 근무하고 싶어 지원하게 되었습니다.

(3) 입사 후 포부 샘플 답변

> 저는 입사를 한다면 '함께 일하기 좋은 팀원'이 되겠습니다. ∞항공은
> 우리나라 최다 노선과 최다 비행기 보유를 한만큼 팀원들의 화합이
> 고객감동으로 이어진다고 생각합니다. 비행 업무를 철저히 숙지하여
> 매 비행 때마다 팀 업무가 효율적으로 진행되도록 하겠습니다. 동료
> 에게도 고객에게도 먼저 다가가는 친밀한 팀원이 되고, 스스로는 영
> 어실력을 향상시키며 ∞항공에서 최고의 팀 플레이어로 근무하며 글
> 로벌 감동을 실현하는 객실 승무원이 되고 싶습니다.

(4) 마지막 하고 싶은 말 샘플 답변

> 저는 어느 누구보다도 건강한 승무원이 될 수 있습니다. 밝은 표정과
> 건강한 마음으로 00항공에서 오랫동안 근무하고 싶습니다.

모든 답변은 상냥한 스피치와 어우러져야 설득력이 있다.

❷ 이력서 예상 질문 10 답변 Skill & Tip & 답변 예시

면접관이 지원자에 대해 알고 있는 1차적 정보는 공채지원 절차에
따라 제출된 지원 서류가 된다. 지원 서류에 작성되는 요구되는 사항
은 기업마다 차이는 있지만 공통적으로 작성하게 되는 항목들이 있
다. 기본 인적사항, 학력, 경력, 군필 등에 어학 실력과 수상 경력, 자격,

SNS 계정 등의 부가적인 정보를 요구하게 된다. 지원 서류에 작성된 내용을 지원자가 충분히 인지해 면접관이 서류에 관련된 질문을 할 경우 성공적인 답변을 할 수 있도록 아래 내용에 따라 준비해 보자.

(1) 거주지

Q. 거주 지역의 특징을 말해 보세요.

Q. 그 지역의 맛집이나 여행지를 추천해 주세요.

● skill : 특산물, 지역 축제 소개는 물론이고 지역만의 인심이나 주민들의 삶을 겪은 지원자의 경험을 녹여도 좋겠다. 친근한 답변이 될 수 있다.

● Tip : 장황한 설명이 되지 않도록 하며 추천해 달라는 질문이 아닌데 지원자가 "면접관님도 꼭 가보시길 추천합니다." 라는 표현은 그리 권하는 편은 아니다. 지역의 특징을 물었을 때는 지역이, 여행지를 추천할 때는 여행지가 잘 드러나게 표현한다면 지원자의 사교성이 묻어나는 답변이 된다.

● 답변 예시 : 제가 사는 인천의 검단 동네에서는 매해 꽃 축제가 열립니다. 올 가을에는 각종 국화와 핑크 뮬리 등 아름다운 색의 꽃이 피었습니다. 저는 예쁜 꽃도 많이 보고 친구와 사진도 많이 찍었습니다. 꽃 축제는 주차도 편리하고 무료입장이어서 더욱 좋습니다.

(2) 가족관계

● skill : 가족 간의 봉사활동, 장기여행이나 가훈 등으로 지원자를 표현하면 좋다.

● Tip : 부모님에 대한 일반적인 존경심을 표현하는 것보다 가족 분위기와 부모님께 받은 가르침을 주 내용으로 구성한다.

● 답변 예시 : 저는 첫째이고 연년생 남동생이 있습니다. 어릴 적엔 장난도 많이 치고 했지만 지금은 남동생이 군복무 중이어서 걱정도 되고, 오늘 면접 보는 것도 부모님과 함께 응원을 해주어서 더욱 든든한 마음입니다.

(3) 전공

● skill : 자신의 전공에 대해 충분히 설명할 수 있어야 하며, 타 전공자들과의 차별성을 정리하여 학생으로써의 성실성과 책임감을 표현하는 유용한 사례를 준비한다. 전공 과목을 언급하여 구체적으로 무엇을 배우

고, 어떤 과제 작업을 했는지를 준비해 두자.

● Tip : 지원자가 원한 전공이 아니었다거나 전공 공부에 흥미를 못 느꼈다는 내용의 답변은 피한다. 편입을 하게 된 경우엔 편입의 힘든 노력은 알지만, 지나치게 편입 시 힘들었던 점을 강조하면 승무원보다 편입면접의 색이 더 두드러진다. 학교생활 중 단합 모임 등이 추억이 되지만 함께 모여 지내는 즐거움만을 표현하지 않도록 한다.

● 답변 예시 : 저는 중국어 전공을 하며 중국어 실력을 키운 점이 가장 장점이라고 생각합니다. 그리고 중국으로 어학연수를 다녀오며 더욱 열린 마인드를 가지는데 도움이 되었습니다.(사례를 붙여도 좋다.)

(4) 취미

Q. 취미가 있나요?

Q. 봄(계절별)에는 주로 어떻게 지내나요?

● skill : 취미는 본인의 주 업무를 하고 남는 시간동안 즐겨하는 일이 된다. 그러니 '맛집 찾아가기'나 '자동차 이름 외우기'보다 좀 더 자기계발을 하는 취미면 좋겠다. 독서나 음악 감상처럼 정적인 취미가 승무원 지원자에게 부적합하지 않은지 갈등을 하기도 하는데, 동적인 취미도 함께 답변하길 권한다. 그리고 무엇보다 지원자의 이미지와 동떨어진 취미를 적는 것은 위험할 수 있다. 간혹 자신의 여성스럽고 차분한 이미지가 걱정스러워 지나치게 활동적인 취미를 말하는 경우가 있는데 이런 경우 도리어 어색하게 보인다. 그리고 계절별 운동, 경기관람이나 사진전 등 전시관람, 수화, 요리, 와인공부, 서비스 팁 만들기, 독서 노트 꾸리기처럼 구체적인 취미도 좋다.

● Tip : 청춘의 특권은 넘어져 쓰러져도 일어나는 경험과 그 힘에 있다. 취미만 들어도 상대의 성향을 파악할 수 있듯이 지나치게 여유를 즐겨 시간을 낭비한다는 이미지보다는 유익한 시간을 보낸다는 이미지가 적합하다.

● 답변 예시 : 저는 휴일이 생기면 주로 친구들과 함께 시간을 보내는 걸 좋아하는 편입니다. 얼마 전에는 일본으로 우정여행을 다녀오면서 서로를 더 잘 알게 되었습니다. 그 외에도 자전거 타기나 미국 드라마 보는 걸 좋아합니다.

(5) 특기

Q. 언제부터 특기를 가지게 되었나요?

Q. 지원자의 특기를 업무에 어떻게 활용할 수 있을까요?

● skill : 특기는 특정 분야에 전문성을 띤 것으로 운동이나 악기 다루기, 솜씨 등이 발휘된 것이면 적합하다. 간혹 취미와 특기를 혼돈하여 '요리'를 특기에 적기도 하는데 요리가 특기가 되려면 '조리자격증'과 같은 근거가 분명한 것이어야 한다. 요리 대회 출전, 요리 콘테스트의 당첨 등의 자료가 없다면 요리는 특기보다는 취미로 더 적합하다. 달리기를 일정한 시간 내에 달성한다던지 학창시절 체력장 등급이 높았던 것은 근거로 충분하며, 요가 지도사 자격증이 있다면 취미보다는 특기에 해당한다. 한편으로 지금은 실력이 좀 줄었다할지라도 과거 수상한 악기 연주나 운동은 지금의 특기 목록이 될 수 있으니 특기 관련 질문에 응할 수 있도록 다시 살펴보면 좋다. 기내에서 악기 연주나 캘리그라피 등의 서비스를 제공하는 항공사도 있으니 승무원이 되어 그러한 팀에 참여하는

것도 좋다. 특별히 잘 하는 것이 없다고 고민하기도 하는데 지금부터 특기를 만들어도 좋다.

● Tip : 타인이 인정할 수 있는 것을 특기로 삼는다.

● 답변 예시 : 저는 요가와 캘리그라피가 특기입니다. 특히 손 편지를 적을 때 저만의 캘리그라피로 모양을 내면 좀 더 성의도 느껴지는 것 같고 저도 적는 즐거움이 있습니다.(제 특기를 ∞항공 승무원으로써 고객에게 서비스해 보고 싶습니다.)

(6) 학점

Q. 학점이 낮은 편인데 이유가 있나요?

Q. 학점이 만점에 가깝네요. 공부 잘 하셨나 봐요?

● skill : 학점은 학생 지원자의 성실성을 뒷받침해주는 강력한 무기가 된다. 지나치게 학점이 낮은 경우라면 면접관은 지원자의 성실성에 대해 의문을 가질 수 있으며 기초 지식적인 면이 부족하진 않을지 우려하게 된다. 그렇다면 그에 맞는 보완될 만한 경험을 답변하는 것이 중요한데, 낮은 학점을 감추려는 무리한 답변으로 보이지 않아야 한다. 높은 영어 점수나 외국어 실력, 서비스 근무 경험 등도 좋은 예다. 반면 학점이 좋아서 면접관이 질문하는 경우에는 성실했던 자질을 중심으로 답변으로 구성한다.

● Tip : 학점은 학생 신분으로서 충실한 태도를 보여주기에 충분하다. 혹시 학생이라면 지금부터라도 학점관리를 하길 바라고, 졸업자라면 낮은 학점을 보완할 경력을 만들자.

● 답변 예시 : 입학 초반에 적응이 좀 어려워 학점이 좀 낮았습니다. 하지만 2학기가 되어서는 성실히 학교생활을 해야겠다는 생각이 들어서 학업에 열중했습니다. 전체 학점이 좀 낮긴 하지만 졸업반인 지금은 어느 누구보다도 꿈을 향한 의지와 성실함을 노력하고 있습니다.(구체적인 사례가 있으면 더욱 좋다.)

(7) 경력(시간제 근무, 직원 및 인턴 근무)

Q. 근무를 하며 기억에 남는 에피소드가 있다면 어떤 것이 있나요?

Q. 근무의 경험이 승무원이 되었을 때 어떤 도움이 될 것 같나요?

Q. 근무하며 힘들었던 점(유익했던 점)은 무엇인가요?

Q. 졸업 후 공백 기간이 1년(2년) 이상인데 그동안 시간제 근무만 했나요?

● skill : 경력은 지원자의 사회성을 보여줄 수 있는 기회가 된다. 기억에 남는 에피소드나 힘들었던 점, 유익했던 점에 대해서는 사회인으로써 갖추어야 할 정보 공유 및 보고 능력, 신뢰, 빠지지 않고 근무하는 성실한 태도, 업무에 대한 지식과 충성도 등을 나타낼 수 있다. 지원자가 많이 활용할 수 있는 키워드로는 팀 작업, 밤샘 작업을 통한 체력 안배, 팀원들과의 상호적 소통, 근무체제에 대한 이해에 대한 것이다. 내용의 긍정성을 지키기 위해서라도 근무에 대한 불평보다는 그 불평조건을 통해서 배우게 된 긍정적인 측면을 말할 수 있어야겠다.

그리고 졸업 후 공백 기간 동안 시간제 근무만 여러 곳을 하게 되어서 걱정인 지원자도 있다. 한 달도 못 채운 경우가 있는데, 이는 점주의 문제가 되었든 지원자의 개인적 사유가 되었든 굳이 적지 않아도 된다. 되도록 최소 3개월 이상 근무한 내역을 적되 1년간의 공백이 있음에도 아무

사회적 경력이 없다면 한 달 정도의 근무 내역을 적어도 나쁘지 않다. 졸업 전의 학생 신분이라면 근무 경력이 부족하다고 걱정하지 않아도 된다. 교내 활동들 위주로 답변을 생각해 보자.

● Tip : 경력이 없다고 경력란을 비우지 마라. 어느 지원자가 서류에서 왜 떨어지는지 모르겠다고 하여 지원한 서류를 검토해 보니 경력과 자격증란이 비어 있었다. 채워지지 않은 란은 지원자의 기본적인 성의가 부족함으로 판단될 것이다.

● 답변 예시 : 근무를 하며 직장동료들과 워크숍을 갔던 게 가장 기억에 남습니다. 첫 직장이라 낯선 점들이 있었지만 선배와 동료들의 관심에 저도 더욱 적극적으로 업무에 임하고 어울릴 수 있었던 것 같습니다. 그리고 워크숍 때 함께 활동하며 추억도 되고 동료애를 배울 수 있었던 점이 가장 기억에 남습니다.

(8) 봉사활동

Q. 봉사활동을 하게 된 계기는 무엇인가요?

Q. 해외로 봉사활동을 다녀오셨는데 힘들었던 점과 배운 점을 말해 보세요.

Q. 봉사활동 경험이 없네요? 비슷한 활동도 없었나요?

● skill : 지원자가 다녀온 봉사활동 영역에 대해 목적과 활동사항에 대해 충분히 설명할 수 있어야 한다. 힘들었던 점은 배울 수 있었던 기회로 연결하여 표현하고 배운 점 또한 힘들었던 에피소드 속에서 뽑아낼 수 있다. 아무 어려움 없이 서로 협력한 점과 낯선 곳에서의 애국심보다는 어려움을 극복한 경험이 진정한 봉사의 의미를 전달해 줄 것이다. 지금

도 기억에 남는 지원자의 봉사활동이 있는데 오지의 아이들을 목욕시켜 줬던 경험을 세세한 표현으로 답변하여 그 지원자가 높은 점수를 받은 적이 있다. 경험은 섬세한 표현력이 실감을 더해 준다. 만약 봉사활동 경험이 없다고 걱정한다면 오늘부터 봉사활동을 만들자.

● Tip : 봉사활동만 많이 적지 말자. 오히려 맹목적인 활동으로 여겨져 역효과가 나지 않도록 두세 가지 정도는 적당하나 봉사활동 목록만 가득 채워져 있다면 봉사활동을 업으로 삼아야 하지 않을까란 생각이 든다.

● 답변 예시 : 저는 어릴 적부터 엄마와 함께 여러 차례 봉사활동을 해왔습니다. 최근에는 독거 노인분들을 방문하여 쌀을 전해드리고, 말동무도 해드리면서 친할머니가 많이 생각났습니다. 봉사활동을 하며 좀 더 가족을 생각하는 마음을 배우게 되었습니다.

(9) 해외연수 / 해외교육

Q. 어학연수도 다녀왔는데 토익 점수가 낮네요?

Q. 외국에서 학교를 다니셨는데 외국어 실력은 어느정도인가요?

Q. 외국에서 성장했는데 한국 기업에 잘 적응할 수 있을까요?

● skill : 어학연수의 경험으로 해외경험과 외국어 실력, 국제적 이해도를 풀어 나길 수 있다. 특히 국제적 이해도를 키워드로 삼아 여러 외국인들과 공부하고 활동했던 사례로 협동심, 융화력의 키워드로 풀어 가는 경우가 많은데, 어학연수의 경험은 무엇보다도 외국어 실력을 키우는 목적에서 벗어나지 않아야 함을 주의하자. 한편 어학연수를 다녀온 경험이 외국어 실력이 뛰어나야 할 것 같은 부담감을 느끼게 하는데, 혹시 외국

어 점수가 낮은 편이라면 그 점을 보완할 수 있는 수상이나 활동 경력이 있는 탄탄한 근거를 사례로 들면 회복이 되기도 한다.

외국어 실력은 일상 대화의 수준이나 연수당시 기록되었던 레벨을 근거로 자신감 있게 말해도 좋다. 해외 어학연수의 경험이 없는 경우 불리한 조건은 아니나 외국어 실력까지 낮다면 글로벌한 직원의 기준에는 못 미칠지 모르니 기준에 부합하는 외국어 실력을 갖추고 제 2외국어에 대한 실력도 지니고 있으면 좋겠다. 또한 다년간 외국에서 성장해온 지원자라면 우수한 스펙보다 한국 기업에 잘 적응할 수 있을지 우려하게 되니 융화될 수 있는 능력을 보이자.

● Tip : 현재 취업 준비생에게 어학연수 및 해외경험이 경쟁력이 되기엔 다소 부족한 편이다. 다수가 다양한 곳에서 체험을 할 수 있기 때문에 영어, 일본어, 중국어, 스페인어 등 제 2 외국어나 어학실력의 우수함을 강조할 수 있으면 경쟁력이 되겠다.

● 답변 예시 : 전공이 중국어인데, 어학연수와 단기연수로 경험이 있습니다. 중국어 실력도 늘어서 회화는 능숙하게 하는 편이어서 ∞항공을 이용하는 중국인 승객분들께 좀 더 감동의 서비스를 할 수 있을 것입니다.

(10) 자격증

Q. 그 자격증을 취득하게 된 계기가 있나요?

Q. 그 자격증이 승무원 근무에 어떤 도움이 될까요?

● skill : 취득한 자격증은 활용도와 내용을 충분히 설명할 수 있어야 하고, 승무원 업무와 연관성이 있는 CS(고객만족) 관련 자격증이라면 도움이 되겠지만 연관성이 없다고 생각하는 컴퓨터 관련 자격증도 직무 수

행력에는 도움이 되니 고민 없이 작성해도 좋다. 하지만 자격증이 없어도 합격의 문은 열려있다.

● Tip : 운전면허증도 국가자격증이므로 작성하면 좋다. 간혹 간과하는 자격증 중에 하나인데 운전면허자격증을 소지한 자는 미소지자에 비해 신속함과 현대인으로서 활동력 있는 이미지를 가지게 한다. 항공사 온라인 서류에 자격증 인증을 검색하여 작성하게 되어 있으므로 검색이 되는 자격증을 준비해야겠다.

● 답변 예시 : 전공 중에 서비스 마케팅을 배우며 CS리더십 자격을 취득하고 싶었습니다. 서비스 업무를 효율적으로 수행하고 고객을 향한 진심어린 서비스 마인드가 ○○항공 승무원으로 근무하는데 많은 도움이 될 것 같습니다.

❸ 답변 구성을 돕는 코칭 질문

(1) 전공 코칭

"내 전공은 아무 쓸모가 없는 것 같아요. 전공과 상관없는 것 같아서 어떻게 연결시켜야 할지 고민이에요."
"승무원 면접과 전혀 연관성이 없는 것 같아서 준비를 어떻게 해야 할지 모르겠어요."

대학생이 기업 면접을 볼 때 대학교 생활에 대한 성실도와 신뢰를 보이는 게 중요하다. 이와 함께 일러두고 싶은 점이 있다. 갓 졸업하여 특별한 근무 경험이 없는 상태에서 서비스 아르바이트 경험이 전공을 대신할 수 있을 거란 생각은 위험하다는 점이다. 근무 경험은 다음 내용에서 다루기로 하고 학생 신분은 학업을 충실히 이행했을 때임을 기억하자.

다시 전공이야기로 돌아와서, 간혹 자신의 전공이 원하지 않았던 공부였다 던지 적성과 맞지 않아 억지로 졸업을 하였다 하더라도 자신의 전공에 애착을 가져보면 좋겠다. 전공에 대해 불평하고 무모하다는 마인드를 가지고 있는 경우는 어떠한 답도 도출해 낼 수 없기에 우선 자신의 전공을 어루만져 본다는 생각을 가져보면 도움이 된다. 자신의 전공에 대해 소개할 것이 없다고 생각하는 경우나 전공을 통해 자신을 소개할 부분이 없다고까지 생각하는 경우가 많아 어필이 어려워지는데 이는 지원자가 스스로 자신의 한계를 만들고 있기 때문이다.

면접 상황과 합격해야 한다는 강한 압박을 잠시 뒤로 하고 전공을 공부하는 시점으로 돌아가 자유롭게 떠올려 보기를 바란다. 이러한 점은 경청과 공감으로 지원자가 마음껏 풀어낼 수 있는 밭을 만들어 주고 수월하게 이야기를 풀어 놓게 한다.

{ 코칭 질문 }

1. 전공은 무엇에 대해 배우는 건가요?

2. 각 과정에 대해 무엇을 배우는 것인지 상세설명 해주세요.

3. 전공자이기 때문에 타 전공자보다 더 유익하게 알고 있는 점은 무엇인가요?

4-1. 전공을 공부하며 가장 인상 깊었던 일은 무엇입니까?

4-2. 그때 어떤 일이 있었는지 생각나는 대로 말해 주시겠어요?

4-3. 그때 지원자의 어떤 욕구가 채워졌나요?

5-1. 전공 중 가장 힘들었던 수업은 어떤 것이었나요?

5-2. 그럼에도 타전공자보다 자신이 더 알고 있는 것은 무엇인가요?

6-1. 전공을 하며 성과를 냈던 적이 있나요?(공모전. 전공자들의 공연 등)

6-2. 그러한 성과가 났을 때 지원자의 어떤 강점이 발휘되었을까요?

코칭 질문과 답변 예시

* 개인별 사례를 추가하면 설득력 있고 자연스러운 답변이 됩니다.

{ 코칭 사례 - 상담학과 }

Q. 전공이 승무원 직업과 어떤 연관성이 있나요?

A. 전공을 공부하며 타인에 대한 이해와 친화력 그리고 상대의 일에 귀 기울이는 경청을 배웠습니다.

Q. 전공과목 중 가장 인상 깊었던 과목과 그 이유는 무엇인가요?

A. '심리학 이해'라는 과목이 가장 기억에 남습니다. 그 수업을 통해

상대의 심리를 이해하며 잘 듣는 경청에 대해 배울 수 있었고, 타인에 대한 이해와 배려에 대해 배웠습니다.

Q. 전공과목 중 어려웠던 과목과 그 이유는 무엇인가요?

A. '진로상담'이 다른 과목에 비해 어려웠습니다. 다양한 이론들을 외우느라 힘들었지만 지금은 도움이 됩니다.

Q. 기억에 남는 상담사례가 있다면 어떤 것이 있을까요?

A. 문화센터 상담코너에서 주부를 대상으로 상담을 하며 개개인마다 다른 심리검사 결과를 보게 되었습니다. 이렇게 각기 다른 유형별로 상대와의 친밀감을 쌓아갔던 시간이 기억에 남습니다.

Q. 상담교사가 아닌 승무원을 하려는 이유는 무엇인가요?

A. 상담학을 전공하며 사람들의 인정, 존중받고 싶은 심리에 대해 배우는 시간을 가지게 되어 좋았습니다. 좀 더 활동성 있고 다양한 사람들과 만나며 생동감 있는 근무를 하고 싶었습니다. 전공을 통해 배운 심리적 기반은 최고의 고객 감동을 부를 수 있는 점이 될 거라 생각하여 승무원을 지원하게 되었습니다.

Q. 학점이 다소 낮은 편이네요. 이유가 있나요?

A. 학점이 낮은 편인데, 전공 학업에 집중하지 못해서인 것 같습니다. 그를 채우기 위해 ○○공모전과 ○○○대외활동을 하며 수상을 받은 경험이 있는데, 그러면서 저의 융화력과 강한 의지가 장점이라는 것을 확인할 수 있었습니다.

Q. 전공을 선택한 이유는 무엇인가요?

A. 학창시절 교우관계를 맺으며 심리에 대해 관심을 가지게 되었습니

다. 교우관계를 어려워했던 친구의 마음 상태를 살피며 '상담'에 대해 공부해 보고 싶었기에 전공을 선택하게 되었고 이제는 그것을 바탕으로 좀 더 폭넓은 인간관계를 통해 제 삶의 비전을 실천하고 싶습니다.

✦ 전공별 키워드 TIP ✦

승무원과 연관성이 없다고 생각하는 전공자일수록 앞의 코칭 질문에 솔직히 풀어 나가보면 해답이 보인다. 그리고 모든 전공자들은 팀 작업을 하기에 의사결정 조율이나 타인에 대한 이해와 배려는 기본적인 키워드로 넣을 수 있다. 다음은 코칭 중 승무원 직업에 연관성이 없다며 전공에 대해 난해해 했던 부분을 코칭으로 뽑은 일반적인 몇 가지 키워드다.(아래 내용은 지원자에 따라 차등이 있을 수 있다.)

1. 토목공학과 : 타 전공자에 비해 건물이나 공간의 비율을 보는 감각이 있으며, 섬세하게 제도 작업하며 키운 세밀함과 집중력이 키워드다.

2. 식품영양학과 : 식품의 성분 등을 파악하여 식품끼리의 조합을 공부하면서 건강한 음식의 궁합과 건강한 삶에 대한 생각을 많이 했었다.

3. 경제학과 : 경제적 현상을 분석하고 소비자 경제학 과목을 통해 서비스 판매 시 소비자의 반응을 분석하였는데 고객 설득에 대해 생각해 볼 수 있었다.

4. 작곡과 : 수상 성과를 위해 피아노를 반복 연습했던 힘과 곡을 창조했던 힘이 전공을 통해 키운 자질이다.

5. 신문방송학과 : 대중매체와 커뮤니케이션의 연관성을 공부하며 표현력과 대화의 힘을 키웠다.

(2) 학교생활 코칭

{코칭 질문 }

1-1. 캠퍼스 생활을 생각하면 가장 먼저 떠오르는 것은 무엇인가요?

1-2. 그 이유가 무엇인지 설명해 주시겠어요?

3-1. (즐거운 일/안 좋은 일) 그것에 대해 자세히 말해 주시겠어요?

3-2. 즐거웠던 사례는 나의 어떤 욕구가 채워졌었나요?

4. 학교생활이 재미있지 않았더라도 그럼에도 학교생활을 통해 배운 점이 있으면 어떤 것이 있을까요?

5. 대학생활 중 후회되는 일이 있다면 무엇인가요?

6. 다시 대학생이 된다면 무엇을 해보고 싶을 것 같나요?

7. 대학 신입생에게 어떤 조언을 해 주고 싶은가요?

* 개인별 사례를 추가하면 설득력 있고 자연스러운 답변이 됩니다.

Q. 대학생활 중 가장 기억에 남는 일이 있다면 말해 주세요.

A. 해외 00봉사활동이 가장 기억에 남습니다. 여러 나라에서 온 팀원들과 수업을 준비하며 문화의 다양성에 대한 이해와 적극적인 소통, 책임감을 배웠습니다. 또한 해외를 여행하며 일정을 계획하던 동료애도 배울 수 있었습니다.

Q. 해외 경험이 있나요?

A. 어학연수를 하러 영국에 1년간 머물렀던 경험이 있습니다. 다양한 나라의 친구들과 학습 활동을 하면서 새로운 것에 대한 호기심과 도전하는 마음을 가지게 되었습니다.

Q. 동아리 활동 경험이 있다면 말해주세요.

A. 플루트 동아리를 했었습니다. 기초부터 배우며 악기를 다루는 법과 곡을 이해하는 노력이 많이 필요했습니다. 정기 연주회를 개최하며 개인의 연습과 팀들에 대한 배려, 책임감이 중요하다는 것을 알게 된 활동이었습니다.

✚ 학교생활 주요 활동 TIP ✚

1. 교환학생	2. 해외탐방 프로그램
3. 각종 공모전	4. 해외여행
5. 기관 서포터즈	6. 인턴십
7. 봉사활동	8. 축제 시 활동
9. 학교 임원활동	

(3) 근무 경력 코칭

단기 근무를 포함해 근무한 경우를 말한다. 서비스 경험이 없어 걱정이라는 소리도 들었는데 그렇다면 대학교 마지막 학기 때 취업을 하게 된 필자의 경우처럼 학기 중 사회경험을 쌓는 것도 좋은 방법이다. 당시에 방학을 이용해 두 달간 아이스크림 가게에서 근무하였고 사장님의 신뢰를 얻어 그 이후 학기 중에는 주말 단기 근무로 6개월간 근무를 하였던 경력을 채웠다. 경력이 없다면 채용자 입장에서는 직무수행에 대한 기본적 자질이 갖춰졌을지 의문을 가지게 된다. 하지만 학생의 신분으로써 학점이 좋고, 학교생활과 대외활동이 우선순위이므로 이점을 간과하고 서비스직 단기 근무만 하는 것은 좋은 스펙이 아님을 기억하자.

또한 졸업 후 직원으로 근무한 경우라면 승무원으로 이직하게 된 이유를 우선으로 궁금해 할 것이며 그 근무를 통해 승무원 업무를 하는데 어떤 도움이 될지 연관성을 궁금하게 되니 지원자의 근무 경험을 정리해 두자.

마지막으로 학교를 졸업하고 3년 이상 근무한 일을 접고 승무원을 준비하게 된다면 또 그 이유가 궁금할 것이다. 더구나 안정적인 직장에서 근무를 했다면 면접관은 이직 사유가 더 궁금할 것이다. 이와 함께 사회생활 3년이라는 기간은 사회인으로 근무를 익히는 것에 첫 인정을 받는 진급의 시기이기도 하다. 통상적으로 초보 사회인으로서의 3년 근무는 인정이거나 매너리즘이거나 둘 중의 하나의 감정을 느끼기에 충분한 시기가 되어 오죽하면 사회생활 3년, 5년, 7년이 고비라고 하겠는가? 그러므로 이전 직장에서 3년 이상 근무를 한 지원자라면 면접관이 우려할 직장인으로써의 매너리즘은 보이지 않는 것이 좋으며, 미래 지향적인 비전을 가진 모습이 그려지는 답변을 해야 한다.

{ 코칭 질문 }

1. 근무지는 어떤 일을 하는 곳인지 설명해 주시겠어요?

2. 근무지에서 자신의 역할은 무엇이었나요?

3-1. 근무를 하며 성과를 이룬 경험이 있나요?

3-2. 성과 경험이 어떤 것이었는지 이야기해 주시겠어요?

3-3. 그렇게 성과가 있도록 자신의 어떤 강점이 발휘되었나요?

4-1. 근무하며 가장 힘들었던 기억이 있다면 이야기해 보시겠어요?

4-2. 그때 자신의 어떤 욕구가 채워지지 못했기 때문인가요?

5. 힘들었음에도 불구하고 근무로 배운 사회인의 덕목이나 자질이 있다면 무엇인가요?

＊ 개인별 사례를 추가하면 설득력 있고 자연스러운 답변이 됩니다.

Q. (전공과 적합한)근무를 오래했는데 계속 다니지 않고 승무원을 꿈꾸는 이유는 무엇인가요?

A. 저는 은행에서 사무직 업무를 오래하면서 사회인으로서 갖추어야 할 책임의식과 성실성을 배울 수 있었습니다. 이를 바탕으로 좀 더 저만의 전문성을 가지고 일을 하고 싶어서 승무원을 준비하게 되었는데 외국어 실력과 건강한 체력이 중요하다는 것을 알고 이 부분에 노력을 해왔습니다.

Q. 단기간 근무를 많이 했는데, 혹시 승무원으로 근무하게 된다면 또 금방 그만 두는 건 아닐지 걱정이 되네요?

A. 여러 곳에서 근무한 경험을 가지고 있습니다. 비록 짧은 기간이긴 하였으나 문제점이 있어서라기보다 분야별 근무가 궁금하여 옮기게 되었고 이것은 다양한 근무 환경을 경험할 수 있었고 사람들을 감당해야하는 승무원 업무에 도움이 될 것이라 생각합니다. 제가 승무원이 된다면 이러한 경험을 살려 정년퇴임할 때까지 비전을 가지고 근무할 것입니다.

Q. 근무하면서 어떤 점을 배웠나요?

A. 방송 스텝으로 근무하며 수십 명의 스텝들과 일을 진행해 나가는 과정이 제가 크게 배운 점입니다. 상사의 지시를 따르고 후배를 끌고 가며 의견 조율을 하는 능력을 기르게 되었고 더불어 체력관리를 꾸준히 해야만 타 스텝에게 피해를 끼치지 않는다는 점을 배우게 되었습니다.

✦ 직군별 면접관의 우려사항 ✦

안정적이고 전문적이라고 생각하는 직종의 경우 오히려 스펙에 역으로 작용할 수 있고 면접관이 다음과 같은 직종에 일반적으로 우려하는 점은 신입사원의 마음가짐과 체력이다. 이러한 면접관의 우려사항을 미리 인지하여 승무원으로서 적합함을 보완하는 답을 준비해 보자.

1. 교사 : 지식과 배움에 대한 욕구는 이해가 되나 고객 응대력과 사교성이 부족하지 않을지 우려된다.

2. 간호사 : 전문기술을 가진 지원자라면 승무원 업이 힘들 때 극복하려기보다 다시 간호사로 돌아가지 않을지 우려된다.

3. 은행원 : 경제적 지식과 고객 응대력은 갖추었으나 승무원의 육체적인 노동을 잘 이겨낼 수 있을지 우려된다.

4. 전문 강사 : 지식적으로 청중과 소통하는 힘은 있으나 전문성이 짙어 반발심을 가지진 않을지 우려된다.

5. 온라인 쇼핑몰 운영자 : 근무의 전체성을 이해하는 힘은 있으나 직원으로써 충성심을 가질 수 있을지 우려된다.

6. 방송작가 : 작가의 창의성 있는 자질과 시청자와의 공감은 인정하나 팀 구성원들과 조화를 이루는 친화력과 융통성이 있을지 우려된나.

7. 상담가 : 상대와 공감하고 치료하는 힘은 있으나 활동성이 부족하진 않을지 우려된다.

8 대기업신입 : 대기업의 체계적인 신입 교육을 받은 점에 대해 신뢰하되 퇴사 경험이 있는 지원자로 끈기와 인내가 부족하진 않을지 우려된다.

9. 해외 이민자 : 승무원으로서 필요한 외국어 실력에 인정이 되지만 한국의 정서와 기업 매뉴얼을 지킬 수 있을지 우려된다.

10. 운동선수 : 종종 수영, 발레, 골프 등의 운동을 전공하고 운동선수로 근무한 지원자가 있는데 건강한 체력과 집중의 정신력은 믿음이 가지만 외적인 미소와 섬세한 매너, 상냥한 스피치를 유지할 수 있을지 우려된다.

11. 박사 : 학사이상의 석사와 박사과정을 수료한 지원자. 공부하는 배움의 자세와 사고력이 인정되지만 나이가 20대 후반으로 주관이 뚜렷한 점이 승무원 조직원으로 조율과 융통성 있는 구성원이 되는데 방해되지 않을지 우려된다.

답변
CORE SKILL 2
– 좌우명

'면접은 지원자의 가치를 제대로 말할 수 있어야 한다'에 동의하는가? 그렇다면 이번 파트는 그 해결점이 될 것이다. 지원자가 자신을 제대로 알지도 못하는데 어찌 성과 있는 면접이 되겠는가? 자신을 먼저 알아야 면접에서 좋은 결과를 기대할 수 있다.

"당신의 인생관이 무엇인가요?"라는 질문에 말문이 막히는 경우가 많다. 심지어 명언 집에서 자신의 인생관을 찾아 답을 짜깁기 하는 경우도 보았는데, 이럴 경우엔 지원자 자신이 당당하지 못하다고 말한다. '나의 답이 아닌 것 같다'며 긴장하고 어색해한다.

인생관, 좌우명을 찾는 시간을 가지면 자신을 파악하고 바라보며 자신감이 생긴다. 그리고 좌우명을 직접적으로 묻는 질문들도 있지만 지금 하려는 "답변 CORE SKILL 2 - 좌우명 답변"은 지원자만의 인생에 있어서 중요하게 생각하는 것이 무엇인지, 자신의 삶의 척도가 되는 것이 무엇인지를 인지하는 여러 질문을 살펴보려 한다. 이러한 과정은 면접의 최대 목적인 지원자를 제대로 말하는 데 핵심이 된다.

결국 면접 시 하는 질문들은 겉모습은 달라도 결국 지원자를 파악하기 도구임을 깨닫고 지원자의 핵심 자질을 어필할 수 있도록 하자. 그 핵심 자질은 지원자의 인생관 속에 담겨 있으니 인생관을 찾는 시간을 가져보자.

❶ 답변 CORE SKILL- 좌우명 답변 장점

답변 CORE SKILL 중 가장 전문 코칭을 요구하는 영역이다. 코치의 경청과 공감, 질문이 적절히 사용되어야 지원자의 내적 욕구 자질들을 도출해 낼 수 있는데 글로써 기대하려니 만족스럽지 않지만 최대한 충실히 답해 보길 바란다. 다음 코칭 질문은 면접 상황을 벗어나 지원자 자신에게 솔직한 답을 하는 시간을 가지는 게 중요하다. 현장에서는 코치와 생생한 경청과 공감이 있어 더욱 답진실된 답변을 도출할 수 있다는 점을 거듭 강조하며 자칫 코칭은 질의 답만 하는 것이라는 생각을 가지지 않길 조심스레 바란다.

1. 지원자가 자신을 어필할 수 있는 주요 핵심을 파악할 수 있다.

2. 지원자를 파악하기 위한 다양한 면접 질문에 답할 수 있다.

3. 면접 질문의 대부분을 포괄하고 있다.

코칭 질문을 통해 자신의 감정과 욕구를 솔직하게 답해보자.

코칭 질문으로 좌우명 풀어내기

1-1. 당신이 삶에 있어 중요하다고 생각하는 것은 무엇인지 세 가지 말해 보세요.

1-2. 그 세 가지를 중요하게 생각하는 이유를 말해 보세요.

1-3. 그 중에서 가장 중요하게 생각하는 것은 무엇인가요?

2. 그 가장 중요한 것은 나에게 어떤 유익함을 주는지 10가지 이유를 말해 보세요.

3-1. 10가지 이유들 중에 중요하다고 생각하는 것 세 가지를 선택하여 '어떠한 삶을 살 것이다' 문장을 만들어 보세요.

3-2. 그래서 '어떠한 삶을 살자'라는 한 문장으로 명료하게 만들어 보세요.

4. 좌우명이 어떤 발전을 하게 하나요?

5-1. 좌우명을 통해 어떤 가치/욕구를 얻을 수 있나요?

5-2. 그 가치를 얻기 위해 평소에 노력하는 행동이 있나요?

이에 대해 필자의 좌우명과 좌우명을 뒷받침하는 가치를 활용해 3문장으로 답변해 보겠다.

샘플 좌우명 : 코칭대로 살자

1. 활기(에너지) 있는 삶을 살자

정체성을 잃고 침체된 시간을 보내며 삶의 에너지가 얼마나 중요한지 알게 되었습니다.

2. 경청

경청은 자신을 낮추어 더 넓은 사람들과 이어질 수 있는 끈입니다. 경청을 위해서는 자신의 소리에 귀 기울일 줄 아는 것이 중요합니다. 내면의 소리에 귀 기울이는 것으로 자기쇄신의 힘을 키우게 되었습니다.

3. 신뢰

직장동료로부터 근무 시 신뢰가 느껴진다는 말을 많이 들어왔습니다. 업무 준비부터 작은 약속까지 지키려는 노력이 상호간의 신뢰를 불렀던 것 같습니다.

4. 사랑

어릴 적뿐만 아니라 성인이 되어서도 무조건적인 사랑이 필요할 때가 있습니다. 새로운 업무를 익힐 때 세세히 가르침을 주었던 친구에게 저는 사랑을 느낄 수 있었고, 서로를 배려하는 관계에서 사랑이 샘솟는다는 것을 알게 되었습니다.

도출된 좌우명 사례로 '하루하루 성장하는 삶을 살자' '끊임없이 배우는 삶을 살자' '영향력 있는 삶을 살자' 가 주로 많이 나오고 가치와 스토리는 각자 다르기에 자신만의 답변을 구성하면 된다.

❷ 좌우명 예상 질문 답변 Skill & 답변 예시

다음 질문들은 지원자의 성향과 인성을 파악하기 위한 도구로 사용된 질문이니 지원자는 자신의 중요한 점으로 답할 수 있어야 한다. 개인별 사례를 추가하면 설득력 있고 자연스러운 답변이 된다.

답변 예시로 나의 좌우명을 '하루하루 성장하는 삶을 살자'로 하고 가치 키워드 세 가지는 성실, 자신감, 긍정성으로 해보자. 이 좌우명을 지원자는 충분히 이해하고 있어야 하고 이에 대한 자신의 사례를 더하면 된다. 좌우명 예상 질문들은 자신의 좌우명과 가치 키워드를 기반으로 답변을 구성하면 핵심적인 전달을 할 수 있다.

좌우명 답변 예시

좌우명 : '하루하루 성장하는 삶을 살자'

좌우명에 대한 가치 키워드와 사례

- 성실 : 학교생활 중 높은 출석률, 성실한 운동, 성실한 하루 일과

- 자신감 : 자신감이 없었던 때가 있었지만 발표, 대회에 참여하며 높인 자신감

· 긍정성 : 긍정적인 마인드와 말은 관계를 원활하게 하며 자신을 행복하게 한다.

1-1. 좌우명이 무엇인가요?

1-2. 생활신조(삶의 지표)는 무엇인가요?

1-3. 삶에 있어 소중하게 여기는 게 있나요?

1-4. 당신의 진정성이란 무엇이라고 생각하나요?

{ Skill }

모두 지원자의 삶의 중심을 묻는 질문이며, 좌우명을 기반으로 답변할 수 있다. 좌우명과 인생관은 미래지향적이고 활기와 긍정성이 느껴지는 문장이 좋다.

{ 수정 전 수강생 답변 }

저의 좌우명은 '하루하루 성장하는 삶을 살자'입니다. 언젠가 책을 읽었을 때 그 주인공의 삶을 보며 좌우명으로 삼게 되었는데, 갑자기 큰 성공은 아니더라도 하루하루 성실하게 살아가면서 나이가 들어서는 성공하는 모습을 보면서 큰 감명을 받았습니다. 입사 후에도 꾸준히 성장하는 승무원이 되겠습니다.

{ 수정 후 답변 예시 }

저의 좌우명은 '하루하루 성장하는 삶을 살자'입니다. '하루하루 성장하자'는 좌우명은 당장의 조급함보다는 좀 더 멀리 내다보며 목적지를 향해 나아가는 힘을 길러줍니다. 매일 성실한 활동을 하게 해주며 긍정적인 마인드로 하루를 지내게 해줍니다. 이러한 점은 (귀사)의 인재로써 어려움이 있더라도 오랜 기간 근무하며 성장하는 승무원이 되는데 바탕이 되어줄 것입니다.

수정 전의 답변도 틀린 답변은 아니지만 수정 후의 답변은 활기와 긍정성이 느껴진다. 좌우명을 찾게 된 계기나 현재의 안주된 답변보다는 좌우명이 나에게 영향을 끼치는 유익함과 발전가능성을 답변하였고 이러한 점은 모든 대화에 활력을 불어 넣어주는 힘이다.

앞의 답변으로 삶의 소중한 것은 성장, 성실, 긍정성 등으로 답변을 구성할 수 있고, 당신에게 있어 진정성이란 무엇인가란 질문에도 가치 키워드를 활용하여 긍정적인 답변을 구성할 수 있다.

2. 자신을 한 마디로 표현해 보세요.

{ Skill }

주변의 칭찬 말이나 별명 등을 활용하면 좋다. 교수님, 친구, 근무하는 곳의 동료와 사장님으로부터 들은 말을 제3자의 언어로 전달하면 전달력도 좋다. 외국어나 사자성어를 활용 시에는 어렵거나 일반적이지 않은 생소한 어휘는 피한다.

· 서는 하루하루 성장하는 사람이라고 표현하고 싶습니다.

· 저는 성실함으로 표현하고 싶습니다.

긍정 상징어를 만들면 더욱 답변이 살아납니다.

· 저는 주변 사람들로부터 '긍정의 아이콘'이라는 말을 많이 듣습니다.

3-1. 무인도에 세 가지를 가지고 갈 수 있다면 무엇을 가지고 갈 것인가요?

3-2. 인생에 있어서 이것만큼은 중요하다고(가치) 생각하는 것은 무엇인가요?

{ Skill }

인생에서 소중한 것을 묻는 질문이다. 무인도라는 곳을 지나치게 생존에만 중점을 두기보다는 또 다른 우리의 삶의 터전이라고 여기고 인생을 살면서 중요하게 생각하는 가치를 드러내자.

{ 답변 예시 }

제가 무인도에 가게 된다면 친구도 데리고 가고 싶습니다. 자신감 있는 친구, 긍정적인 강아지 그리고 성냥을 가져가겠습니다. 어려운 환경이라도 함께 소통할 수 있는 친구나 강아지가 있다면 이겨낼 수 있을 것입니다.

중요한 것은 나의 가치 키워드에서 승무원 업무가 연상되도록 팀 업무를 하고, 안전을 우선할 수 있는 다른 것도 좋다. 하지만 지원자의 인생관을 담은 답변이 되어야 함을 잊지 말자.

4. 지금까지 살면서 가장 보람있다고 생각하는 일은 무엇인가요?

{ Skill }

의외로 보람있는 일이 없다는 지원자가 많다. 작은 것부터 떠올려보면 보람있는 일을 찾을 수 있고, 우선 나의 좌우명과 연관된 에피소드를 찾아보자. 하루하루 성장했던 일들 중에서 자신에게 1순위 보람된 일을 찾아본다.

{ 답변 예시 }

많은 일이 있지만 가장 보람 있었던 일은 제가 4년 동안 장학금을 받은 일입니다. 최선을 다하려고 노력했던 시간들이었는데 다른 어떤 일을 할 때도 이때의 노력을 떠올리며 열심히 한다면 보람을 느낄 것입니다.

5-1. 사람을 사귈 때 어떠한 점을 중점적으로 보나요?

5-2. 타인과의 관계(대인 관계)에서 중요하게 생각하는 것은 무엇인가요?

{ Skill }

먼저 '하루하루 성장하는 삶을 살자'라는 좌우명을 기반으로 떠올려도 좋다. 어쩌면 자신도 몰랐던 자신이 원하는 대인관계나 타인의 성향일 수 있다. 이 외에도 배려와 긍정적인 성향 신뢰 등의 답변으로 할 수 있겠으나 좌우명과 연관된 답변으로 구성해 보면 답변이 용이하다.

{ 답변 예시 }

저는 대인관계에 있어서 서로 배려하는 것이 중요하다고 생각합니다. 그 중에서도 시간 약속이나 일정 약속을 잘 지키는 것은 친한 친구일수록 배려할 줄 아는 태도라도 여기고 더욱 오랜 친구로 남을 수 있을 것입니다.

5-3. 어떤 성향의 사람과 어울리기가 어려운 가요?

5-4. 대인관계에서 갈등이 있었던 경험과 그때 어떻게 대처했었는지 말해 보세요.

5-5. 주변 사람들이 당신을 어떤 사람이라고 말하던가요?

{ Skill }

어울리기 어려운 성향은 내가 추구하는 이상형과 반대일 경우가 많다. 좌우명과 연결된 하루하루 성장하는 사람, 성실한 사람, 자신감 있는 사람, 긍정적인 사람을 떠올리면 위 답변도 어떻게 구상하면 좋을지 감이 잡힐 것이다.

{ 답변 예시 }

주변에서 저에게 '비타민'이라고 부르며, 매사 긍정적이라는 말을 합니다. 아직 대인관계에서 큰 갈등은 없었지만 팀 과제를 하며 어려움이 있었습니다. 조원 중 한 명이 팀 과제에 참여를 하지 않아 서로 눈치를 보며 점점 미움이 커지게 되었습니다. 저 또한 이러한 갈등 속에서 그 친구에게 다가가기가 쉽지 않았지만 긍정적인 생각을 가지고 연락을 먼저 하여 사정을 들어보니 조원들도 이해가 될 만한 상황이었습니다. 그 후로 서로에 대한 오해가 조금씩 풀리면서 팀 과제도 협력적으로 마무리 할 수 있었습니다. 앞으로 이러한 갈등을 또 경험하게 된다면 좀 더 적극적으로 소통할 수 있는 용기를 배운 계기가 되었습니다.

6-1. 살면서 가장 행복했던 때는 언제인가요?

6-2. 살면서 가장 힘들었던 때는 언제인가요?

6-3. 힘들었던 때에 어떻게 극복하였나요?

6-4. 살아오면서 가장 성취감을 느꼈던 적은 언제인가요?

{ Skill }

좌우명에 맞추어 하루하루 성장할 때, 성실했을 때, 자신감을 있을 때, 긍정적일 때 우린 살면서 행복하고, 성취감을 느끼고, 그러지 못할 때 힘들다. 아직 크게 힘들었던 적이 없는 지원자도 있는데, 그럴 경우엔 크게 힘든 적은 없었지만, 이러한 점을 추구한다는 답변을 해도 무방하다. 하지만 힘든 스토리보다 극복해나간 의지를 파악하기 위한 점일 수 있으니 힘든 적이 없다는 답변보다는 어려울 때 극복하는 자신의 의지를 보이는 답변도 좋다.

{ 답변 예시 }

저는 '하루하루 성장하는 삶을 살자'라는 인생관을 가지고 있습니다. 학교 때는 성실히 공부하여 여러 차례의 장학금을 받으며 성취감도 느끼고 행복했습니다. 반면에 재수를 하던 시절은 힘들었던 시간이었습니다. 하지만 이 시간만 잘 이겨내면 된다는 긍정적인 마인드로 하루하루 열심히 공부를 해서 원하던 학교에 입학할 수 있어서 더욱 큰 기쁨을 느낄 수 있었습니다.

7-1. 비전에 대해 설명해 보세요.

7-2. 10년 후 비전은 무엇인가요?

{ Skill }

좌우명을 말하되 회사 안에서 성장하는 비전을 함께 말한다.

{ 답변 예시 }

저는 '하루하루 성장하는 삶을 살자'라는 인생관이 있습니다. 제가 ○○항공사의 승무원이 된다면 어려움이 있더라도 한 걸음씩 노력하여 최고의 서비스맨으로써 성장하고 싶습니다. 10년 후에는 제가 원하는 발전하는 여성의 모습으로 ○○항공사의 사무장/매니저로써 근무하고 후배를 양성하고자 하는 비전이 있습니다.

8-1. 직업을 정할 때 우선적으로 생각하는 점은 무엇인가요?

8-2. 사회인으로서 꼭 필요한 마인드는 무엇이라고 생각하나요?

8-3. 첫 사회생활을 하며 다짐한 마음가짐이 있다면 무엇일까요?

8-4. 어떤 승무원으로 성장하고 싶은가요?

8-5. 승무원으로 근무하다가 적성에 맞지 않는다면 어떻게 할 것인가요?

{ Skill }

직업관이 따로 있을 수도 있지만 우선 좌우명과 연관지어 답변을 떠올려 보면 수월하다. 그리고 지원하는 항공사의 특징을 좀 더 반영한 내용이면 좋다. 대형 항공사는 저비용 항공사에 비해 팀워크와 상위 클래스 서비스에 대한 중점을 두는 편이고, 저비용 항공사는 판매와 특화 이벤트에 좀 더 중점을 두는 편이다.

{ 답변 예시 }

저는 '하루하루 성장하자'는 좌우명이 있습니다. 그러다 보니 매사 성실하고 긍정적인 마인드로 생활을 하려 노력하게 되는 것 같습니다. 이러한 점은 저의 직업관과도 연결되는데 근무 시에는 성실함이 어떤 자질보다도 중요하다고 생각합니다. 제가 아르바이트를 했을 때도 매일 출근하고 교대시간을 성실히 지키는 동료와 함께 일하는 것이 즐거웠고, 일이 좀 힘들더라도 즐거운 근무 분위기 안에서 다시 힘을 내서 일할 수 있었습니다. 근무하면서 함께 성실히 일하는 것이 중요하다고 생각합니다.

9-1. 가장 인상 깊게 읽은 책은 무엇인가요?

9-2. 가장 감명 깊은 영화는 무엇인지 소개해 주세요.

{ Skill }

지나치게 좌우명과 연관 지을 필요는 없지만, 인상 깊은 책과 영화의 답변을 들었을 때 유익함이 없는 답변은 피하는 게 좋다. 여유와 힐링만으로 치우쳐진 답변은 지원자 입장의 답변으로 면접관 입장에서 듣고 싶은 말일지 가늠하여 답변해 보자. 도서로는 자기계발, 서비스, 인문, 경영, 문학 등을 추천하며 소설을 읽고 자신만의 감흥에 빠져있는 답변보다는 그로 인한 깨달음이나 다짐을 표현하면 좋다. 영화도 마찬가지로 폭력적이거나 추상적인 영화는 피하고 지원자 실생활에 중요함을 주는 내용이나 의미 있는 영화로 구성해보고. 어떤 장르인지 인상 깊었던 문구와 장면은 무엇이었는지 나에게 다짐으로 남는 것은 무엇인지를 명시한다.

저는 주로 문학과 에세이를 즐겨 읽는 편인데, 최근에는《OOO》이라는 자기계발 도서를 읽게 되었습니다. 특히 아침시간의 중요성과 활용에 대한 내용이 와 닿아서 저도 좀 더 아침시간에 독서하는 습관을 가져보기로 했습니다.

10-1. 면접관이라면 어떤 사람을 뽑을 것 같은가요?

10-2. 면접관이라면 어떤 질문을 할 것 같나요?

10-3. 직원으로 갖춰야 할 최고의 덕목은 무엇이라고 생각하나요?

{ Skill }

면접관은 자신의 항공사에 적합한 인재를 채용하기 위함이니 항공사의 인재상이나 승무원이 갖추어야 할 자질에 대한 질문을 할 것이고 이에 대해 자신의 좌우명을 같이 답변하면 알맞다. 자신의 장점도 같이 얹어서 말해보자. 그리고 어느 곳에서도 직원은 충성도와 오랜 근무를 하는 성실성은 공통적인 최고의 덕목이 된다.

{ 답변 예시 }

OO항공에는 참신하고 연구하고 공부하는 인재상이 있습니다. 이러한 점과 함께 승무원으로써 건강한 체력과 밝은 미소를 지닌 사람을 뽑을 것이라고 생각합니다. 저 또한 OO항공의 승무원으로써 근무하고 싶어서 건강한 체력과 밝은 미소를 지니려 노력해 왔습니다.

11-1. 진정한 리더십이란 무엇이라고 생각하나요?

11-2. 어떤 상사를 만나고 싶은가요?

{ Skill }

리더는 한 팀을 효율적인 방향으로 잘 이끌어 나갈 수 있어야 한다. 팀원들의 원활한 소통을 위해 솔선수범하고 공감해줄 수 있는 능력이 필요하다. 하지만 부하직원의 실수를 이해해 줄 수 있는 상사를 만나고 싶다고 말하는 것 보다는 업무지시를 잘 알려줄 수 있는 상사를 만나고 싶다고 말하는 것이 면접관 입장에서도 공감될 것이다. 그리고 진정한 리더는 부하 직원에 대한 따뜻한 가슴을 지니는 자질이 필요하다.

{ 답변 예시 }

저는 멘토 같은 상사를 만나고 싶습니다. 전에 처음 근무하던 곳에서 함께 일했던 상사는 업무와 사회생활의 예의 등을 잘 알려주셨는데, 처음엔 알아야 할 것이 많은 것 같아서 부담되었지만 시간이 조금 지나고 나서는 그분이 진정한 리더였다고 느끼며 참 고마웠습니다. 승무원이 되어서 맡은 바 최선을 다하겠지만 비행업무와 승무원 생활을 하며 배울 수 있는 멘토 같은 상사 분을 만나면 좋을 것 같습니다.

12-1. 인생의 멘토가 있나요?

12-2. 존경하는 인물이 있나요?

12-3. 친한 친구에 대해 말해 보세요.

12-4. 배우자 이상형이 있나요?

12-5. 남자친구가 있다면 남자친구의 장점을 말해 보세요.

{ Skill }

멘토나 존경하는 인물은 유명인과 가까운 사람을 말하는 게 좋다. 지극히 개인적으로만 아는 사람이라면 설득력이 낮으므로 어떠한 점으로 인해 존경하는지에 자신의 좌우명을 녹이면 적합하다. 또한 부모님을 존경의 마음으로 표현해도 좋으니 답변을 준비해두되 면접장에서 다른 지원자들이 부모님을 존경인물로 많이 답변한다면, 융통성있게 다른 준비해 둔 답변을 하면 좋을 것이다.그리고 미래의 배우자나 남자친구에 대한 질문도 자신을 사랑해주고 배려해주는 사람으로 말하기 보단 자신의 좌우명을 중심으로 답변해 보자.

{ 답변 예시 }

저는 방송인 ○○○를 롤 모델로 삼고 있습니다. 하루하루 성장해 나가는 열정과 자신감이 좋아보여서 귀감으로 삼고 있습니다. 그러한 분으로 제 주변에는 ○○분이 계시는데 매번 뵐 때마다 열정과 자신감이 보여서 저까지 긍정적인 마인드를 가지게 되는 것 같습니다.

13-1. 부모님을 소개해 주세요.

13-2. 면접 보러올 때 부모님께서 어떤 말씀을 하시던가요?

13-3. 부모님께 영상편지를 써보세요.

{ Skil }

부모님의 평상시 가르침이나 가훈을 빌어 답변하고 부모님의 직업을 언급하거나 지나치게 자랑하는 느낌의 답변은 좋지 않다.

{ 답변 예시 }

평상시 부모님은 무엇이든 최선을 다하는 것이 중요하다는 말씀을 해 주셨습니다. 오늘 면접에 올 때도 스스로 최선을 다하라는 응원의 말을 해 주신만큼 ○○항공의 승무원이 될 수 있도록 진심을 다해 면접을 치루고 싶습니다.

14-1. 즐겨보는 TV 프로그램이 있나요?

14-2. 최근 관심사가 있나요?

{ Skill }

예능 프로그램을 즐겨본다는 것도 나쁘진 않다. 그러한 이유가 있다면 설득이 되니 시사적인 내용이나 다큐멘터리 장르만 본다고 말할 필요는 없다. 그리고 20대 연령층은 어떤 것에 관심이 있을지 의도가 있는 질문이니 최근에 특별한 관심사가 없다는 답변대신 유행하는 아이템이나 경험 등의 정보를 주면 좋겠다.

{ 답변 예시 }

저는 여행 프로그램을 즐겨보는 편입니다. 요즘 여행을 계획하는 친구들이 많은데, 휴일에 가족들과 같이 여행 프로그램을 보면서 그 나라의 역사도 알고 여행지에 대한 정보도 알며 휴가지에 대해 이야기를 나누기도 합니다.

15. 최근 감사함을 느낀 경험이 있나요?

{ Skill }

쉬운 듯 어려운 감사하기. 세 가지를 말해 보라고 한다면 어떤 감사함을 말할 것인가. 특별함이 없었다면 일상의 감사나 자신의 장점에 대한 감사도 좋다.

{ 답변 예시 }

저는 최근에 부모님의 건강 검진 결과가 좋았던 점이 감사했습니다. 그리고 ○○항공 서류 합격을 해서 이렇게 면접의 기회가 있음이 감사하고, 마지막으로 건강하고 밝은 성격에 감사합니다.

답변은 3문장 답변법으로 최대한 간결하고 핵심적인 말을 한다. 스토리가 첨가되거나 좌우명 답변과 같이 가치를 전달해야할 때는 조금 더 부연설명을 하게 되므로 문장 길이는 길어질 수 있다. 불필요한 말이 붙지 않고 담백하게 전달할 수 있도록 여러 번 말해보며 핵심적인 답변을 가다듬어 보자.

답변
CORE SKILL 3
– 서비스 태도

고객 욕구와 응대에 대한 서비스 답변이 있다. 서비스 시대에 사는 우리는 모두 서비스인이다. 또한 서비스 직종의 경계선이 모호한 시대인 만큼 모두 서비스 직종에 종사한다고 말해도 과언이 아니다.

서비스란 어떤 구성 요소들로 이루어져 있나?

첫째도 사람, 둘째도 사람, 셋째도 사람이다.

첫 번째 '사람'은 서비스 대상의 영역이며, 두 번째 '사람'은 공자의 말씀인 '기소불욕 물시어인'에 따라 자기가 싫은 일을 남에게도 하게 해서는 안 된다는 상대에 대한 철저한 배려심에서 나오는 서비스 영역이다. 그리고 세 번째 '사람'은 공감과 위로의 힘이라는 서비스 피드백의 영역이다. 사람, 배려, 공감과 위로. 이 세 가지를 조합해 보면 서비스의 경계가 없이 누구에게나 필요하다. 사람 간의 배려를 통해 공감과 위로의 결과를 주고받을 수 있는 것이 서비스가 되며 감성 서비스다.

항공사 서비스는 서비스 직종 중 최고의 관심을 받는 직군이다. 그들은 고객의 마음에 울림을 줄 수 있는 서비스에 관심을 기울여야 한다. 다행인 것은 상대를 향한 관심의 말 한마디로도 가능하다는 것이다. 우리의 화답 속에 서비스의 경쟁력이 도사리고 있다.

{ 코칭 질문 }

1. 당신이 생각하는 최고의 서비스는 무엇인가요?

2. 당신이 생각하는 최악의 서비스는 무엇인가요?

3. 최근에 경험한 최고의 서비스는 무엇인가요?

4. 최근에 경험한 최악의 서비스는 무엇인가요?

5. 승무원이 된다면 어떤 서비스를 하고 싶은가요?

6. 승무원으로써 기내에서 할 수 있는 최고의 서비스는 무엇인가요?

7. 진정한 서비스란 무엇이라고 생각하나요?

8. 당신에게 힘든 고객은 어떤 고객일까요?

위 질문의 의도는 무엇일까? 입사 후 어떤 서비스를 할 인재인지 파악하기 위한 질문인 것은 당연하고 고객이 무엇을 원하고 있는지 즉, 고객의 욕구를 정확히 파악하고 있는지에 의도가 있음을 기억하자. 서비스 학에서 정의하는 '고객의 심리'가 있다. 고객의 심리에 맞춰진 마케팅은 기업 수익의 성장과 직결되기에 모든 기업은 고객을 파악하는 것을 우선시하고 있다.

고객이 바라는 심리

정중한 태도, 신속한 대응, 관심, 진심어린 경청, 적절한 보상, 인정

❶ 답변 CORE SKILL 서비스 태도 답변 Skill & 3문장 답변 예시

(1) 나만의 서비스 철학을 정해라

서비스 관련 질문에 각기 다른 사례와 답변이 나올 수 있으나 면접 답변 스킬로 정리해 보자. 내가 고객이 되었을 때도 중요한 고객심리를 생각해보자. 예로 정중한 태도를 중요하게 생각한다면, 3문장 답변법에 맞추어 키워드 + 사례나 근거 + 리마인드로 작성한다.

> 1. 당신이 생각하는 최고의 서비스는 무엇인가요?
>
> { Skill }
>
> 자신의 감동 서비스 경험담을 담아보자.

{ 3문장 답변 }

제가 생각하는 최고의 서비스는 정중한 태도로 서비스하는 것이라고 생각합니다. 지난 할머님 생신 때 레스토랑에서 가족 파티를 하게 되었는데, 가족 인원이 많아서 분주했는데도 불구하고 한 분 한 분께 정중한 태도로 인사하고 응대해 주셔서 기분 좋은 시간을 보낼 수 있었습니다. 이러한 정중한 태도가 최고의 서비스라고 생각합니다.

{ 그 외에도 최고의 서비스 답변 예시 }

· 고객이 말하기 전에 고객의 마음을 먼저 알아주는 것이라고 생각합니다.

· 고객에게 먼저 관심을 가지는 것이라고 생각합니다.

· 승무원에게 있어서 최고의 서비스는 안전이 보장된 신뢰감 있는 서비스라고 생각합니다.

· 고객에게 신속하게 응대하는 것이 최고의 서비스입니다

2. 당신이 생각하는 최악의 서비스는 무엇인가요?

{ Skill }

최악의 서비스를 상세하게 설명하거나 그때의 나의 안 좋았던 감정을 적나라하게 표현하지 않아도 된다. 즉, 최고의 서비스라고 생각했던 게 잘 안 이루어질 때가 최악의 경우라고 생각해보면 답변이 쉬워진다.

{ 3문장 답변 }

제가 생각하는 최악의 서비스는 고객에게 정중하지 못한 응대라고 생각합니다. 음식 그릇을 테이블에 놓을 때 던지듯이 놓거나 인사가

없는 경우는 불친절하게 느껴졌던 적이 있었습니다. 고객응대의 가장 기본이 될 수 있는 정중한 태도가 중요하다는 것을 깨닫게 되었습니다.

3. 최근에 경험한 최고의 서비스는 무엇인가요?
4. 최근에 경험한 최악의 서비스는 무엇인가요?

{ Skill }

최고의 서비스란 질문과 같은 사례로 답변이 같을 수 있다. 내가 받은 감동의 서비스와 내가 해 본 감동의 서비스를 정리해 보고 최악의 서비스가 최고의 서비스가 되는 경우도 있다.

{ 3문장 답변 }

저는 최근에 한 직원에게 칭찬 레터를 써 준 적이 있습니다. 얼마 전 레스토랑에 갔을 때 음식에 이물질이 들어가서 당황했습니다. 그때 직원이 괜찮으시냐는 말과 함께 친절한 태도로 응대해주며 다른 음식을 성의껏 제공해 주었습니다. 고객의 입장에서 충분히 이해하고 알맞게 대처하는 자세로 불만이 사라졌고, 그 모습을 통해 서비스 자세에 대해 배울 수 있었습니다.

5. 승무원이 된다면 어떤 서비스를 하고 싶으세요?

{ Skill }

항공사 승무원의 서비스는 신뢰와 친절함이 기본이고, 항공사마다 즐거움과 유쾌함과 같은 감성으로 추억까지 제공하기도 하니 지원 항공사마다 해보고 싶은 서비스는 다를 수 있다.

저는 승무원이 된다면 00항공에서 추억이 남는 서비스를 해보고 싶습니다. 어릴 적 승무원이 주었던 어린이 선물이 저에겐 큰 추억이 되고 승무원의 친절한 말은 제 꿈을 키우게 했습니다. 친절한 승무원으로써 00항공을 탑승하는 아이들에게 추억이 되는 여행을 만들어 주고 싶습니다.

6. 승무원으로써 기내에서 할 수 있는 최고의 서비스는 무엇인가요?

{ Skill }

자신의 비행 경험이나 타인의 비행 경험을 같이 녹이면 더욱 설득력 있다.

{ 3문장 답변 }

저는 승무원으로써 고객에게 밝은 미소와 정중한 태도가 최고의 서비스가 될 수 있다고 생각합니다. 친구와 처음으로 가는 우정 여행 때였습니다. 첫 해외여행이기도 해서 설렘도 컸지만 한편으론 걱정되는 마음도 있었는데 기내에 탑승했을 때부터 밝은 미소로 응대해 주시고 비행 내내 한결같은 정중한 태도로 응대해 주셔서 여행길이 더욱 편안했었습니다. 기내에서 승무원의 밝은 미소와 정중한 태도가 참 인상 깊었고 이러한 점이 기내에서 받는 최고의 서비스라고 생각했습니다.

7. 당신에게 힘든 고객은 어떤 고객일까요?

{ Skill }

불만고객 응대의 경험이 있다면 사례로 작성해도 좋으나 불만고객의 성향을 지나치게 말하거나 불만을 대처한 방법이 없다면 적합하지 못하다. 아직 힘든 고객을 응대해 본 경험이 없다면 동료의 경우나 다른 곳에서의 불만 사례를 떠올려보자.

{ 3문장 답변 }

저는 아직 크게 힘든 고객을 응대해 본 적은 없지만 지나치게 술이 취한 고객의 경우라면 조금 힘들 것 같습니다. 서비스는 정중한 태도가 가장 중요하다고 생각하지만 취객 손님에게는 정중한 서비스가 잘 받아들여지지 않을 것 같습니다. 하지만 이러한 상황이 벌어지기 전에 동료들과 서로 정보를 공유하여 안전하고 기분 좋은 비행이 되도록 정중한 태도로 노력하겠습니다.

8. 특별히 좀 더 신경을 써야 할 승객은 누구이고, 어떻게 신경을 쓸 건가요?

{ Skill }

몸이 아픈 사람, 노약자, 임산부, 혼자 여행하는 어린 아이, 장애인 등은 승무원의 좀 더 특별한 관심이 필요한 승객이다. 이에 알맞게 서비스를 할 수 있으면 좋고 자신의 사례도 넣어보자.

{ 3문장 답변 }

저는 몸이 불편하신 승객분이나 어린 아이의 경우 좀 더 신경을 써야 할 승객이라고 생각합니다. 지난번 중국으로 가는 중에 짧은 비행시간이었지만 거동이 불편하신 승객이 화장실을 이용할 때 승무원이 적극적으로 도와주는 모습을 보면서 승무원의 따뜻한 마음까지 느낄 수 있었습니다. 좀 더 귀 기울이는 승무원의 관심 있는 태도가 중요하다고 생각합니다.

나만의 서비스에 대한 핵심 철학을 가지고 있다면 어떤 서비스 관련 질문에도 효과적으로 답할 수 있고 지원자가 충분히 납득할 수 있는 답변을 만들 수 있다.

(2) 서비스 불만을 말할 때 불만의 상황을 지원자 감정으로 표현하지 말라

불만을 말하는 답변 시 그때의 불만 사례를 기분이 나빴다든지, 불쾌했다던 지 지나친 감정표현을 섞지 않아도 답할 수 있다. 이러한 답변은 자칫 지원자의 호감 가는 이미지에서 벗어날 수도 있다. 불만 상황을 '관찰의 표현'으로 설명하고 그때 중요하게 '배운 점'을 표현하면 좋다.

Q. 최근에 경험한 최악의 서비스는 무엇인가요?

{ 감정적으로 느껴지는 답변 }

최근에 패밀리 레스토랑에 어린 조카와 함께 간 적이 있었습니다. 바쁜 시간대인 것은 이해되지만 모든 종업원들이 분주하여 콜 버튼을 눌러도 응답이 없었습니다. 더구나 어린 조카가 테이블에 음료를 모두 쏟아 다급한 상황이었는데 아무도 와 보지 않아서 화가 나고 나도 모르게 크게 소리를 치게 되었습니다. 이때가 가장 최악의 서비스 경험이었습니다.

{ 관찰이 담긴 답변 }

최근에 패밀리 레스토랑에 어린 조카와 함께 간 적이 있었습니다. 어린 조카가 테이블에 음료를 모두 쏟아 도움이 필요한 때였는데 여러 번 콜 버튼을 눌러도 종업원이 오질 않아서 난처했었습니다. 이때 종업원의 빠른 응대가 얼마나 고객에게 필요한 것인지 알 수 있었고, 위험한 상황이었다면 서비스인의 신속한 응대 태도가 더욱 중요했을 거라는 점을 배울 수 있었습니다.

답변
CORE SKILL 4
– 기내 롤 플레이

  기본적인 대처법을 면접관이 이어지는 질문을 해 올 경우 지원자가 최대한 침착하게 답할 수 있는 법이다.

  '기내 롤 플레이'질문이란 역할극으로 면접을 보는 것이 아니라 기내에서 발생되는 상황별 질문에 지원자는 어떻게 응대할 것인지를 답변으로 말하는 형태다. 지원자는 서서 바른 면접 태도를 유지하고 그러한 상황에 알맞은 대처나 응대를 답변하는 것이다.

❶ '기내 롤 플레이 답변'의 시작

"기내 롤 플레이 질문이 너무 어려워요~" 경험하지 않은 상황을 질문으로 주어지니 당연히 어렵고, 정답을 모르는 경우라면 당황하여 답을 하지 못한다. 때론 지원자로써 최악의 모습을 보이기도 한다. 기내 상황별 질문을 어떻게 이해하고 준비해야 할까? 이에 대한 답변 CORE SKILL이 있다.

(1) '지원자로써' 마인드 지키기

우리가 왜 어렵게 생각하는지 살펴 볼 필요가 있다. 수업 중에 만난 지원자들의 답변 형태로 마음의 태도를 거듭 생각하며 발견한 현상인데, 기내 롤 플레이 질문을 받게 되면 지원자들이 근무를 하는 승무원의 입장에서 답변을 하게 된다는 점이다. 그러니 '승무원으로써' 질문을 바라보고, '승무원으로써' 정확한 해결책, 정답을 말하며 어려움을 느낀다. 게다가 예상치 못했던 기내 상황이거나 해결책을 모르는 경우에는 당황하여 아무런 말을 하지 못하는 실수를 범하게 된다.

하지만 지원자는 '지원자로써' 충실해야 함을 기억하고 지원자의 목표는 호감 가는 이미지라는 것을 기억하자. '지원자로써' 마인드를 지키는 것이다.

승무원 마인드		지원자 마인드
해결책에 중점을 둔다.		호감 가는 이미지는 해결력 이상의 따뜻한 인간애를 느낄 수 있어야 한다.
해결책만 말하는 지원자의 이미지는 상황 대처력과 신속력 정도의 이미지만 보인다.		OO + 해결책 +OO
해결책을 모르면 면접을 망친다.		해결책을 모르더라도 답변의 앞과 뒤의 답변 내용으로 최소한 아무런 말도 못 하는 상황은 벌어지지 않는다.

(2) 기내 롤 플레이 답변 공식

기내 롤 플레이 답변 공식 = 공감 + 해결책 + 지속적인 관심

가장 어려운 질문 유형이라고 했지만 공식을 알고 나면 가장 쉽게 답을 할 수 있다.

> 예시)
>
> **Q. 기내에서 아기가 크게 울어 다른 승객이 시끄럽다고 불만을 말한다면 어떻게 응대할 건가요?**
>
> A. 아기가 왜 우는지 알아보고 배가 고프다면 우유를 주고, 아픈 곳이 있다면 아프지 않도록 돌봐주겠습니다. 아기가 울음을 그치도록 노력하고 다른 승객도 조용히 비행할 수 있도록 하겠습니다.

이러한 답변도 나쁘지 않지만 해결책만 말하는 형태인데 다음 답변의 이미지는 어떤지 살펴보자.

이런 경우라면 주변 승객들도 불편하고 우는 아기의 부모님도 애가 타실 것 같습니다. 아기가 우는 이유를 알아보고 그에 맞게 응대해 드려 아기의 부모님의 힘든 상황에 도움을 드리겠습니다. 그리고 불만을 말씀하신 승객께서 괜찮으시다면 기내에 비치된 이어 플러그를 제공해 드리고 비행이 끝날 때까지 지속적인 관심으로 서비스하겠습니다.

어떤 답변을 들었을 때 인적 마인드가 갖춰진 지원자라는 생각이 드는가? 위 답변 A와 A+의 차이점이 느껴지는가? A+는 해결책을 말하기에 앞서 공감의 표현을 보이고, 해결책을 말한 뒤 서비스인 기본 태도인 지속적인 관심을 보였다. 공감은 상대의 마음을 열리게 하는 힘이 있으며 공감을 말하는 지원자에게 호감이 간다.

예시)

Q. 감기 걸린 승객이 있다면 어떻게 응대하실 건가요?

A. 기내에 약이 있는 걸로 알고 있는데 약과 따뜻한 물을 드리겠습니다. 그리고 담요를 드려 따듯하실 수 있도록 하겠습니다.

승객이 감기에 걸려 불편하실 것 같습니다. 기내에 상비약이 있는 걸로 알고 있는데 약과 따뜻한 물을 드리겠습니다. 그리고 비행이 끝날 때까지 지속적인 관심을 가지겠습니다.

'공감'과 '지속적인 관심'을 스킬로 사용한 것 같아 공식으로 마음에 썩 들지는 않지만 아래 워밍업으로 '고객 불만 응대법'을 먼저 이해하면 고객 혹은 타인과 따뜻한 대화를 하는데 '공감'의 표현이 필수라는 점을 알게 된다.

(3) 고객 불만 응대법

기내 롤 플레이 질문은 상황에 따른 질문으로 주로 승객이 불만을 말하거나 요구를 해 오는 상황에 응대하는 방법에 대한 것이다. 즉, 고객 만족 CS에서 말하는 '고객 불만 응대법'을 이해하면 전체적인 기내 승객 응대에 대한 도움이 된다.

○ HEAT 기법

Heat them out 경청	Empathy 공감
Apologize 사과	Take a responsibility 해결방안

고객 응대는 경청과 공감이 우선이나, 최악의 불만에 응대할 경우에는 세 번째 사과의 표현과 신속한 응대가 우선이 되기도 한다. HEAT 기법은 불만 고객일수록 고객의 말에 경청하고 공감하는 것을 강조하는 기법이다.

예를 들어 회사의 규정에 대한 고객이 불만을 가지게 되는 상황에서 직원은 고객의 불만 소리에 감정적으로 힘들어지는 것을 느끼게 될 것이다. '회사의 잘못을 직원인 내게 아무리 하소연해도 내가 해 줄 수 있는 건 없는데…' 라는 마음에 경청과 공감을 제치고 사과를 연발하게 되는 실수를 범하게 되는데 그때 고객은 무엇을 느낄까? 고객의 불만에 성의 없는 직원의 태도는 불만을 더하게 될 것이며 급기야 처음보다 더 불만의 감정을 가지게 되어 기업에 손실을 불러일으키는 불만 고객을 만들게 된다. 고객에게 설사 해결책을 주지 못하더라도 고객은 자신의 마음에 귀기울여주는 직원의 응대에 위로나 안정감을 느껴 불만이 누그러지기도 한다.

○ 삼변주의 법칙

사람, 시간, 장소 세 가지의 변화를 통해 불만을 누그러뜨릴 수 있다. 직원에게 불만의 감정이 고조되었다면 상사나 다른 직원이 응대하는 것도 좋다. 불만을 표현한 고객이 안정되고 웃게 되기에는 시간도 필요하니 지금 당장 불편한 감정을 제거하려기보다 장소를 바꾸어서 차 한 잔 마시는 시간을 두고 마저 이야기를 해본다면 오히려 감동의 고객으로 전향될 수도 있다.

❷ 답변 CORE SKILL - 기내 롤 플레이 답변 Skill & 3문장 답변 예시

일반적으로 기내 롤 플레이 질문의 내용은 3가지 영역으로 나뉜다. 고객 요구 및 불만에 응대법을 묻는 질문, 기내 규정을 어기거나 규정에 관련된 질문 그리고 승무원이 어찌할 수 없는 천재지변 및 권한 밖의 상황에 응대하는 질문이 대부분이다. 질문 영역을 명확하게 구분 짓지 못하는 질문도 있지만 앞의 세 가지 영역에 답변해 보는 방식으로 충분히 할 수 있다.

(1) 고객 불만을 묻는 영역

대부분의 기내 롤 플레이 질문은 이에 해당된다. 승객의 요구나 불만에 대한 응대로 기본적인 해결책은 미리 준비하고 있어야 하고 서비스직 근무 경험자라면 어떻게 승객에게 응대해야 할지 어렵지 않게 알 수 있는 내용이다. 불만 유형에 응대법은 다음 예시 답변을 통해 익혀 보도록 하고, 우리는 해결책의 답변을 들은 후 면접관이 '그래도 승객이 불만을 가져하신다면 어떻게 응대하시겠어요?' 식의 꼬리 질문에도 당황하지 않고 침착하고 호감 가는 지원자의 이미지를 보일 수 있도록 준비해야 한다.

'불만발생 시' 최후의 답변은 '삼변주의 법칙'을 따른다. 경험하지 못한 기내 상황에 지원자가 꼬리 질문을 받게 되면 당황하며 말문이 막히게 되는데 다음 준비된 답변은 지원자의 최소한의 이미지는 지켜준다. 사람, 시간, 장소를 변화시켜 답변한다.

① 사람 – 사무장님이나 선배님께 도움을 청하겠습니다.

② 시간 – 비행이 마칠 때까지 관심으로 대하겠습니다.

③ 장소 – 잠시 승객이 마음을 가라앉히고 후 휴식을 취하실 때 다시 다가가 서비스 하겠습니다.

면접관의 꼬리질문이 이어져 말문이 막힐 때 사용하는 답변이다. 면접관의 질문에 첫 대답으로 무조건 '사무장님이나 선배님께 도움을 청하겠습니다.'라고 답하는 것은 성의 없는 태도로 적합하지 않고 서비스인의 기본이 부족하다는 생각이 든다. 매 질문마다 해결책도 모르고 수줍어하며 거듭 선배님의 도움을 받겠다는 지원자에게는 면접관은 '매번 선배님 도움만 받을 건가요?'라고 되물어 올 것이다. 이런 질문을 받는 것도 난해한 상황인데, 혹시라도 질문을 받는다면 이렇게 답해 보자.

Q. 매번 선배님 도움만 받을 건가요?
A. 아닙니다. 입사를 하게 된다면 신입 교육을 철저히 받아 기내 서비스 상황에 적절히 대처할 수 있도록 최선을 다해 노력하겠습니다.

더 이상 이어질 꼬리 질문은 없을 거다.

자! 기내 롤 플레이 질문에 답하는 요령은 지원자로써 호감 가는 이미지를 보이는 것이 목적임을 기억하고, '공감 + 해결책 + 지속적인 관심'의 공식에 맞추어 3문장 답변을 준비해 보자. 공감은 승객 공감, 승무원 공감, 상황 공감으로 할 수 있다. 주로 승객을 공감하는 답변이 많지만, 난동승객 대처법과 같은 경우에는 상황을 공감하는 표현을 할 수 있다.

다음 답변은 스피치에 따라 다른 이미지를 보일 수 있다는 점을 감안해 답변 예시를 제시하는데 이를 중심으로 지원자만의 말솜씨를 덧

붙여 보자. 답변마다 공감을 붙여 답을 작성하였지만 공감이 어색할 경우 생략해도 좋다.

---

1. 기내식으로 원하는 식사를 하지 못하게 되어 승객이 화를 내는 경우

{ Skill }

서비스 응대에도 있듯이 끝까지 확인해보는 성의 있는 태도가 중요하다.

{ 3문장 답변 }

공감 : 원하는 식사를 못하게 되어 승객이 화가 나실 것 같습니다.

해결책 : 다른 구역에 원하시는 식사가 남아 있는지 다시 한 번 확인해 보고 최대한 원하시는 식사를 하실 수 있도록 하겠습니다.

지속적인 관심 : 그리고 비행을 마칠 때까지 지속적인 관심으로 서비스 해 드리겠습니다.

---

2. 고기를 먹지 못하는 승객이 비빔밥을 주문했는데 스테이크 메뉴만 남은 경우

{ Skill }

스테이크 식사 메뉴인 경우 모닝 빵과 고기와 채소가 접시에 같이 담긴 채 서비스되므로 비빔밥이 없다면 최후엔 고기를 제외하고 제공된 빵과 채소, 와인이나 음료를 드리기도 한다. 이럴 땐 차후 식사 서비스 시 이 승객에게 먼저 메뉴를 선택하게끔 승무원이 정보를 공유하여 서비스하게 된다.

{ 3문장 답변 }

공감 : 이런 경우라면 승객이 비빔밥을 드시고 싶을 것 같습니다.

해결책 : 비빔밥이 있는지 다시 확인해 보고 원하는 식사를 하실 수 있도록 해 드리겠습니다.

지속적인 관심 : 그리고 비행을 마칠 때까지 지속적인 관심으로 서비스해 드리겠습니다.

3. 승객이 스포츠 신문을 요구했는데 원하는 신문이 다 떨어진 경우

{ Skill }

기내에는 신문과 잡지가 종류별로 모두 준비되어 있다. 원하는 신문이 현재 없다면 대안 행동을 말해보자.

{ 3문장 답변 }

공감 : 승객이 스포츠 신문을 보고 싶으신 것 같습니다.

해결책 : 기내에 있는 다른 신문도 괜찮으신지 여쭈어 보거나 다른 분이 보신 스포츠 신문도 괜찮으신지 여쭈어 승객이 편히 신문을 보이실 수 있도록 하겠습니다.

지속적인 관심 : 그리고 비행을 마칠 때까지 지속적인 관심으로 서비스해 드리겠습니다.

4. 미리 주문한 특별 기내식이 실리지 않았을 경우

{ Skill }

항공사마다 탑승 전 주문을 하는 특별 기내식이 있다. 채식주의자를 위한 식사, 어린이와 영유아를 위한 식사, 종교인을 위한 식사, 조절식 등이 있으므로 미리 주문하여 기내 식사시간에 담당 승무원이 제공해 준다. 다소 혼돈되는 경우가 발생되므로 승무원간의 업무적 소통이 중요하다.

{ 3문장 답변 }

공감 : 이럴 경우 승객이 당황하실 것 같습니다.

해결책 : 정확하게 다시 확인해 보고, 실리지 않았다면 죄송하다는 사과의 말씀을 드리겠습니다. 그리고 이러한 상황을 선배님께 알려 효율적으로 해결될 수 있도록 도움을 요청하겠습니다.(지원자 입장에서는 근무의 전반적인 이해가 없기에 더 이상 해결책이 생각이 안 날 수 있으므로 이럴 때 우물쭈물하기 보다는 위와 같이 답변이 더 적합하다.)

지속적인 관심 : 그리고 비행을 마칠 때까지 지속적인 관심으로 서비스해 드리겠습니다.

5. 승무원들이 지나가며 팔을 치고 다녀서 잠을 제대로 잘 수 없다고 승객이 화를 내는 경우

{ Skill }

일반석의 경우 기내 복도가 넓지 않기에 승무원이 주의하여 움직이지 않으면 승객을 치게 되는 실수가 있을 수 있다. 기내 조명이 어두운 경우에는 복도 편으로 나와 있는 승객의 발이 보이지 않아 카트나 다른 사람들이 밟게 되는 경우가 발생하기도 한다.

{ 3문장 답변 }

공감 : 이럴 경우에는 승객이 화가 나실 것 같습니다

해결책 : 승무원이 지나다닐 때 조심히 다닐 수 있도록 다른 승무원과 정보를 공유하여 승객에게 피해가 가지 않도록 하겠습니다.

지속적인 관심 : 그리고 비행을 마칠 때까지 지속적인 관심으로 서비스 해 드리겠습니다.

6. 기내 영화 상영 중인데 (기내조명 어둠) 창가 승객이 창문 커튼을 열어 빛이 들어와서 영화 보는데 방해가 된다고 창문을 닫아달라고 불만을 말하는 경우

{ Skill }

기내 상영시간엔 기내 전체 조명이 가장 어둡게 조절을 하는데, 승객마다 어두운 환경을 싫어하는 분들도 있다. 그래서 창문 커튼이 열려 있어서 어두운 기내에 빛이 환하게 한 줄기 들어 와 다른 승객이 불편함을 호소하는 경우도 있다. 잠깐 답답해서 밖을 보려고 연 승객부터 공포감을 느끼는 승객까지 승객마다 이유가 다르므로 상황에 맞게 서비스를 제공한다.

{ 3문장 답변 }

공감 : 이럴 경우에는 영화 보시는데 불편하실 것 같습니다.

해결책 : 우선 창가 쪽의 승객께 창문을 닫을 수 있도록 하고 혹시 창가 쪽 승객이 불편하신 사항이 없으신지 여쭤어 불편함이 없으시도록 응대해 드리겠습니다.

지속적인 관심 : 그리고 비행을 마칠 때까지 지속적인 관심으로 서비스 해 드리겠습니다.

7. 면세품 판매 시간에 승객이 시끄럽다며 잔다고 조용히 좀 하고 불 좀 어둡게 꺼달라고 불만을 말하는 승객의 경우

{ Skill }

면세품 판매도 기내 일괄적 서비스의 한 과정으로, 면세품을 구입하지 않으시는 승객도 판매 시 생기는 소음에 노출될 수 있기에 불편함을 느껴하기도 합니다. 판매를 마친 곳의 조명을 조절한다던지 구입 승객이 많지 않다면 개별 판매로 하는 경우도 있다

{ 3문장 답변 }

공감 : 이런 경우라면 승객이 주무시는데 불편하실 것 같습니다.

해결책 : 면세품 판매를 신속히 마치겠다고 말씀드리고 그동안 괜찮으시면 아이마스크를 사용하실 지도 여쭤 편히 주무실 수 있도록 해드리겠습니다

지속적인 관심 : 그리고 비행을 마칠 때까지 지속적인 관심으로 서비스해 드리겠습니다.

---

8. 채식주의자 승객이 기내식으로 먹을 식사가 없다고 불만을 말하는 경우

{ Skill }

예약 시 특별식 주문이 가능함을 안내해드리면 좋다.

{ 3문장 답변 }

공감 : 이럴 경우 채식을 드시는 승객은 불만이 있으실 것 같습니다.

해결책 : 기내에 드실 만한 음식이 있는지 살펴보고 제공해 드리도록 하겠습니다. 탑승 전 채식으로 특별 식사 주문을 하실 수 있다는 정보

를 드려 다음 비행 때는 좋아하시는 식사를 하실 수 있도록 도움을 드리겠습니다.

지속적인 관심 : 그리고 비행을 마칠 때까지 지속적인 관심으로 서비스해 드리겠습니다.

9. 기내식이 맛이 없다고 불평하는 경우

{ Skill }

최고급 기내식을 준비하지만 기내식이 맛이 없다고 느껴지기도 한다. 이럴 경우 고객의 불만이 접수되는 상황임을 인지하여 대수롭지 않은 듯 넘어가기 보다는 고객의 생각이 반영될 수 있는 리포트 작성으로 해소 방안을 마련해드리면 회사에서도 참고할 수 있으므로 유익하다.

{ 3문장 답변 }

공감 : 승객이 음식이 입에 맞지 않아 불평하시는 것 같습니다.

해결책 : 고객의 의견을 반영할 수 있는 리포트를 작성을 원하시면 최대한 개선하는 모습을 보여드리고 기내에 다른 스낵과 음료를 권해드리겠습니다.

지속적인 관심 : 그리고 비행을 마칠 때까지 지속적인 관심으로 서비스해 드리겠습니다.

10. 탑승 전부터 기분이 언짢은 승객의 경우

{ Skill }

기내에 탑승 전 승객들은 지상에서 수속절차에 따른 체력적 소모가 있어서 힘든 표정으로 기내에 오르는 경우가 많다. 여행에 대한 설렘이 가득한 승객도 있고, 개인적으로 안 좋은 일이 있는 경우도 있으니 그에 적절히 맞출 수 있는 승무원의 감정의 폭을 유지해야 한다.

{ 3문장 답변 }

공감 + 해결책 : (공감하기 어색하므로) 승객이 기분이 언짢으시다면 관심으로 대하겠습니다. 불편하신 점이 있으신지 먼저 여쭙고 그에 맞게 응대해 드려 편히 가실 수 있도록 하겠습니다.

지속적인 관심 : 그리고 비행을 마칠 때까지 지속적인 관심으로 서비스해 드리겠습니다.

11. 기내 온도가 적정 온도인데 승객이 춥다고 하는 경우

{ Skill }

기종에 따라 기내 온도를 조절할 수 있는 시스템이 있다. 대부분은 조절이 가능하므로 승무원은 자주 기내 온도를 체크하고 담당 승객을 살펴 신체적, 정신적으로 불편해 하시는 모습이 보이면 먼저 여쭙기도 한다. 유독 담요를 머리끝부터 덮고 있는 승객이라면 승무원이 먼저 다가가 춥진 않으신지 여쭤보고 이러한 관심이 승객에게는 만족을 준다.

{ 3문장 답변 }

공감 : 이럴 경우에는 승객이 불편하실 것 같습니다.

해결책 : 기내 온도 조절을 할 수 있다고 들었는데, 온도를 확인해 보고 적절히 조절하도록 해보고 담요와 따뜻한 음료를 권해 보겠습니다.

지속적인 관심 : 그리고 비행을 마칠 때까지 지속적인 관심으로 서비스해 드리겠습니다.

- 기내 온도는 23 ~ 25℃ 정도로 유지됩니다.

- 기내 습도는 15% 내외로 상당히 건조합니다. 무의식중에 우리 몸의 수분
  이 증발하여, 피부 및 눈이나 코의 점막이 건조해져 불편함을 느끼실 수도
  있습니다.

- 생수나 주스 등 음료를 자주 마시면서 수분을 보충하여 주십시오.
  알코올, 커피, 홍차 등을 많이 드시면 오히려 몸의 수분을 더 잃게 됩니다.

- 콘택트렌즈를 착용하시는 승객께서는 가급적 안경을 착용하세요.
  눈의 건조나 염증을 예방할 수 있습니다.

- 피부를 촉촉하게 해 주는 보습제와 워터 스프레이를 사용하시면 좋습니다.

＊ 출처 : 대한항공 홈페이지 〈기내 여행 가이드〉 중 일부

---

12. 어린이 승객이 콜 버튼을 장난삼아 계속 누르는 경우

{ Skill }

기내에 탑승한 어린이 승객은 기내 시설에 대한 호기심이 많아 만져
보게 된다. 콜 버튼을 여러 번 장난삼아 누를 경우에는 업무에 방해가
될 수 있기에 승무원 입장에서 곤란하게 여겨지는 상황이기도 한데,
부모님이 어린이에게 주의를 주거나 제지를 해 주는 경우가 많기에
크게 문제가 되지는 않는다. 단, 근무 경험이 적은 승무원은 번거로워
하거나 화를 내는 표정을 보이지 않도록 주의한다.

{ 3문장 답변 }

공감 + 해결책 : 이럴 경우 어린이 승객이 어떤 요구가 있는지 먼저 살
필 것 같습니다. 장난삼아 누른다면 기내의 비디오로 시청 가능한 프

로그램을 소개해주면서 심심하지 않도록 안내해 주겠습니다.

지속적인 관심 : 그리고 비행을 마칠 때까지 지속적인 관심으로 서비스 해 드리겠습니다.

13. 관광을 가시는 어르신들이 기내에서 시끄럽게 말하는 경우

{ Skill }

단체 여행일 경우 넓은 비상구 쪽이나 뒤쪽에 여럿이 모여 이야기를 나누는 경우가 있는데 이는 기내가 갑자기 기류변화를 맞이한다면 큰 부상으로 이어지므로 안전상의 이유로 제지를 한다. 이야기 시간이 길어지지 않도록 승무원이 자리에 앉아 주시길 요구하거나 다른 승객에게 폐가 될 수 있음을 알려드리기도 한다.

{ 3문장 답변 }

공감 : 여행가시는 어르신들이 즐거우실 것 같습니다.

해결책 : 하지만 안전한 비행과 다른 승객 분들에게도 소란스럽게 느껴질 수 있으니 이러한 점을 정중히 말씀드려 안전하고 쾌적하게 비행을 하실 수 있도록 하겠습니다.

지속적인 관심 : 그리고 비행을 마칠 때까지 지속적인 관심으로 서비스 해 드리겠습니다.

14. 기내식에 이물질이 들어있다고 불만을 하는 경우

{ Skill }

회사에 보고하는 절차를 거치므로 이물질에 대한 이러한 대처 상황을 승객에게도 알려드린다.

{ 3문장 답변 }

공감 : 이런 경우라면 승객이 불만이 있을 것 같습니다.

해결책 : 정중하게 사과의 말씀을 드리고 신속하게 다른 음식으로 바꿔드리겠습니다. 그리고 이러한 내용은 사무장님(매니저님)과 선배님께 보고하여 실수가 이어지지 않도록 하겠습니다.

지속적인 관심 : 그리고 비행을 마칠 때까지 지속적인 관심으로 서비스해 드리겠습니다.

15. 기내식이 담긴 접시가 깨져 있어서 승객이 위험을 느낀 경우

{ Skill }

기내 접시는 유리이므로 깨진 상황이라면 매우 위험하다. 기내식은 지상에서 요리되어 탑재가 되는데 이동 중 접시가 깨지는 경우가 가끔 발생할 때가 있고, 때론 이물질이 발견될 때도 있다. 이런 경우라면 승무원도 당황하는데 승객에게는 정중한 사과의 말씀을 드리고 이러한 내용을 회사에 보고서로 작성하여 제출하여야 한다.

{ 3문장 답변 }

공감 : 이런 경우 승객이 매우 놀라셨을 것 같습니다.

해결책 : 정중하게 사과의 말씀을 드리고 신속하게 다른 음식으로 바꿔드리겠습니다. 그리고 이러한 내용은 사무장님(매니저님)과 선배님께 보고하여 실수가 이어지지 않도록 하겠습니다.

지속적인 관심 : 그리고 비행을 마칠 때까지 지속적인 관심으로 서비스해 드리겠습니다.

16. 호출 버튼을 여러 번 눌렀는데도 승무원이 오지 않는다며 불만을 말하는 경우

{ Skill }

기종에 따라 승객 콜 현황을 볼 수 있는 시스템이 있다. 콜이 많은 경우에는 승무원이 승객의 콜 버튼에 응대하느라 업무가 지연되기도 하는데 이런 상황에 대비해서 승객이 요구하는 사항을 미리 파악해 우선적으로 서비스하기도 한다.

{ 3문장 답변 }

공감 : 이런 경우라면 승객이 많이 불만스러울 것 같습니다.

해결책 : 승무원의 실수에 죄송하다는 말씀을 정중히 드리고, 다른 승무원에게도 공유하여 승객의 호출버튼에 신속히 대응하도록 하겠습니다.

지속적인 관심 : 그리고 비행을 마칠 때까지 지속적인 관심으로 서비스해 드리겠습니다.

17. 좌석 등받이가 젖혀서 뒤 승객이 불편함을 말하는 경우

{ Skill }

뒤 손님을 고려하지 않고 좌석을 뒤로 많이 젖히는 경우도 종종 발생한다. 실제로 한 기사에서 항공사 승무원 60%가 좌석 등받이 문제로 승객의 다툼이 있는 것을 보거나 중재한 적이 있다고 했다. 승객끼리 직접 해결하는 경우도 있지만 승무원에게 부탁하는 경우도 있으니 승무원은 적절히 응대할 수 있어야 한다.

{ 3문장 답변 }

공감 : 이런 경우라면 뒤 승객이 불편하실 것 같습니다.

해결책 : 앞 승객에게 정중히 말씀드리고 앞 승객도 불편하지 않는 범위에서 뒤 승객이 편히 가실 수 있도록 도와드리겠습니다.

지속적인 관심 : 그리고 비행을 마칠 때까지 지속적인 관심으로 서비스해 드리겠습니다.

18. 식사 서비스 시 식사를 너무 기다리게 해서 화가 난다고 하는 경우

{ Skill }

기내 식사 서비스는 정해진 서비스 흐름대로 진행이 되는데 본의 아니게 오래 기다리게 되는 승객이 있어 승무원도 안타까울 때가 있다. 그래서 다음 식사 서비스가 있을 시에는 먼저 제공된 식사 서비스 흐름의 반대로 진행이 된다.

{ 3문장 답변 }

공감 : 이런 경우라면 식사를 오래 기다리게 되어 화가 나실 것 같습니다.

해결책 : 많이 기다리게 되어 죄송하다고 말씀드리고 다음 식사 서비스 때는 먼저 제공받으실 수 있도록 다른 승무원에게도 알리겠습니다.

지속적인 관심 : 그리고 비행을 마칠 때까지 지속적인 관심으로 서비스해 드리겠습니다.

19. 보호자 없이 탑승한 어린이 승객이 무섭다고 하는 경우

{ Skill }

혼자 탑승하는 어린이는 항공사 측의 서비스를 받아 비행한다. 탑승 시 지상직원이 철저히 보살피기에 안전하나 기내에서 어린이 보호는 승무원의 담당이니 사랑과 지속적인 관심으로 응대한다.

{ 3문장 답변 }

공감 : 혼자 탑승한 어린이 경우 무서울 것 같습니다.

해결책 : 담당 승무원이 지속적인 관심으로 말동무가 되어 주거나 기내의 오락 등 즐길 수 있는 방법을 알려주어 무섭지 않고 즐겁게 갈 수 있도록 하겠습니다.

지속적인 관심 : 그리고 비행을 마칠 때까지 지속적인 관심으로 서비스 해 드리겠습니다.

20. 승객이 원하는 면세품이 다 떨어진 경우

{ Skill }

기내 면세품을 구입하려고 생각했던 승객이라면 못마땅한 상황이 될 수 있다. 원하는 면세품이 다 떨어졌는데 승무원 탓이 아니라는 태도 는 성의가 없는 서비스인의 행동으로 승객의 아쉬워하는 마음을 충분 히 공감하는 것이 중요하다.

{ 3문장 답변 }

공감 : 이러한 경우에는 승객이 면세품을 사고 싶어 하실 것 같습니다.

해결책 : 기내에서 원하시는 제품을 제공해 드리지 못하는 점에 대해 정중히 사과의 말씀을 드리겠습니다. 그리고 기내에 사전주문서가 있

사전예약주문 제도는 해외여행을 하기 전, 원하는 면세품을 미리 주문하시
고, 해당 편 항공기 기내에서 주문 상품을 전달받는 제도입니다.

{ 사전예약주문 방법 }

◎ 인터넷

• 주문 방법 : 싸이버스카이숍에서 예약 및 결제

• 수령 방법 : 탑승편 기내 승무원에게 주문서 제출 후 주문품 수령

＊ 출처 : 대한항공 홈페이지 〈서비스 안내 중 사전예약주문 제도 안내〉

고객의 불만상황을 질문하는 경우 답변하는데 도움이 될 것이다. 그
리고 이렇게 같은 형태의 답변을 읽으니 다른 지원자와 같은 답변을
하게 될지 걱정이 될 수도 있지만, 다행히도 한 지원자당 받을 수 있는
기내 롤 플레이 답변은 두세 문제일 뿐이니 고객과 친절히 응대하는
대화법을 익히는 훈련의 답변으로 생각해 보자.

(2) 규정을 묻는 영역

기내 서비스와 승무원의 행동 등은 항공법으로 정해져 있고 항공사마다의 규칙이 있다. 하지만 기내에서는 규정에서 벗어나 요구를 해오는 상황에 부딪히는 경우가 있는데 그럼에도 불구하고 승객의 기분이 상하지 않는 범위에서 응대할 수 있어야한다. 주의할 점은 규정을 어기면서 승객의 안타까운 입장에 고객만족을 주려는 내용의 답변은 지원자로써 피해야 한다.

비행 현장에서 규정을 어겨야 할 만큼 다급한 상황이 벌어지게 되면 해당 편수의 총책임자인 운항 승무원(기장)과 사무장이 판단을 내려 상황에 따라 관제탑과 연락해 해결하기도 한다. 지원자는 면접 답변 시 규정을 지키는 모습을 유지하며 답변하되 규정에 대해 대처가 어려운 경우는 사무장님과 선배님께 도움을 요청하려는 태도의 답변도 나쁘지 않다. 여러 예상치 못하는 불규칙한 상황은 승무원으로 근무하면서 현장감이 필요한 내용들이기에 지원자가 준비할 수 있는 예상 상황이 아닌 경우는 도움을 요청하는 답변을 하는 지원자를 이해하리라 믿는다.

성의 있는 답변과 호감 가는 답변 태도의 조화가 중요하다.

① 규정 답변법

규정에 따른 답변 내용이 지나치게 단호하게 받아들여져 고객을 무안하게 하거나 경직되게 하는 말투를 자제하고 정중한 안내의 뜻이 전달되면 좋다.

～ 규정이라고 알고 있습니다.(～하다고 알고 있습니다) 이러한 내용을 정중히 안내해 드리겠습니다.

② 답변 CORE SKILL – Skill & 3문장 답변

다음 답변은 면접 질문으로 기내의 현실과 꼭 부합하지 않을 수도 있으며, 스피치에 따라 무뚝뚝하거나 친절한 이미지를 보일 수 있다는 점을 감안해서 지원자만의 서비스다운 말솜씨를 덧붙여 보자. 답변마다 공감을 붙여 답을 작성하였지만 공감이 어색할 경우 생략해도 좋다.

---

1. 기내에서 담배를 피우면 안 되는 걸 알지만, 흡연자이기에 담배가 너무 피고 싶다고 한 번만 봐달라며 요구하는 경우

{ Skill }

흡연자가 많지는 않지만 면접관이 짓궂은 질문으로 할 수도 있다.

{ 3문장 답변 }

공감 : 흡연자라면 장시간 금연이 힘들 것 같습니다.

해결책 : 하지만 기내에서의 흡연은 안전상 안 되는 걸로 알기에 이러한 내용을 거듭 정중히 안내해 드리고 대신할 음료나 간식을 권해 드리겠습니다.

지속적인 관심 : 그리고 비행을 마칠 때까지 지속적인 관심으로 서비스해 드리겠습니다.

---

2. 화장실에서 흡연한 승객을 발견하였을 경우

{ Skill }

흡연자에게 장시간 금연은 힘든 일이겠지만 금연은 항공법 규정에 명시되어 있으며, 기내의 화재 및 탁한 공기로 타인의 안전까지 위협하게 되어 공동의 책임에 해당되므로 승무원은 단호하게 제지를 한다. 하지만 주변 승객이 들릴 정도로 크게 규정사항을 말한다면 무안할 수 있다는 점을 고려하여 조용히 안내드린다.

{ 3문장 답변 }

공감 : 이러한 경우 난감한 상황일 것 같습니다.

해결책 : 우선 기내의 안전을 위해 화장실내 화재를 주의하고 승객에게 금연에 대한 규정을 다시 말씀드리도록 하겠습니다. 그리고 대신할 수 있는 간식을 권해 드려보겠습니다.

지속적인 관심 : 그리고 비행을 마칠 때까지 지속적인 관심으로 서비스해 드리겠습니다.

3. 소화가 안 된다면 체한 것 같은데 손을 따 달라고 하는 승객의 경우

{ Skill }

기내공간에 적응이 어려운 승객들이 있고, 지상에서보다 더부룩함을 느껴하는 경우가 종종 있지만 승무원 개인의 민간요법을 시행하는 것은 옳지 않다.

{ 3문장 답변 }

공감 : 이런 경우 승객이 많이 불편하실 것 같습니다

해결책 : 그러나 기내에서 승무원은 민간요법을 할 수 없다는 걸로 알

고 있는데, 이러한 내용을 정중히 안내해 드리겠습니다. 그리고 기내에 준비된 소화제를 따뜻한 물과 함께 드리고

지속적인 관심 : 비행이 마칠 때까지 불편하시지 않은지 지속적인 관심으로 서비스해 드리겠습니다.

4. 승객이 응급처치를 해야 하는 상황인 경우

{ Skill }

기압 차가 나는 기내에서는 환자발생이 되는 경우가 있고 평상시보다 소화가 안 된다거나 두통, 답답함을 호소하는 경우가 있다. 응급처치로 혈액 순환이 잘 되도록 속옷을 느슨하게 하고 가벼운 스트레칭을 하는 것도 도움이 된다.

{ 3문장 답변 }

공감 : 승객이 위험한 상황일 것 같습니다.

해결책 : 기내에 응급처치를 위한 도구들이 탑재되는 걸로 알고 있는데, 환자 발생에 대한 정보를 사무장님(매니저님)께 보고하여 환자에 맞게 응급처치를 할 수 있도록 하겠습니다.

지속적인 관심 : 비행을 마칠 때까지 건강하신지 지속적인 관심으로 서비스해 드리겠습니다.

- 의자에 앉아 움직이지 않은 상태로 장시간 비행하면, 다리 정맥의 혈액순환이 느려져 발이 붓는 현상이 나타납니다. 드문 경우, 하체 부분에 혈액응고장애가 일어나 혈전증이 유발될 수도 있습니다.
- 일정한 시간 간격을 두고 가벼운 스트레칭과 마사지를 하시거나 기내통로를 걸으세요.

- 풋크림을 듬뿍 바르고 기내용 양말이나 슬리퍼를 신어, 답답한 발의 피로를 풀어주세요.
- 고령층, 임산부, 최근 수술을 받으신 분의 경우, 탄력 스타킹을 착용하시는 것이 도움이 됩니다.
- 반지 등의 몸에 꽉 끼는 장신구는 몸이 붓는 현상으로 인해 간혹 심각한 상황을 유발할 수 있으니, 비행기 출발 전 제거하세요.

＊출처 : 대한항공 홈페이지 〈기내서비스 중 혈액순환장애(심부정맥 혈전증, DVT)〉

---

5. (일반석 승객이) 비즈니스석 화장실을 사용해도 되냐고 묻는 경우

{ Skill }

클래스가 나뉘어 있는 항공사에서는 클래스에 따른 공간의 사용을 권장하지만 융통성 있게 서비스하기도 한다.

{ 3문장 답변 }

공감 : 승객이 화장실 사용이 급하실 것 같습니다.

해결책 : 제가 알기로는 다른 클래스 화장실은 사용이 안 되는 걸로 알고 있지만 사무장님이나 선배님께 여쭤보고 승객이 불편하시지 않도록 해드리겠습니다.

지속적인 관심 : 그리고 비행을 마칠 때까지 지속적인 관심을 가지겠습니다.

---

6. 신체가 불편하다며 좌석을 업그레이드해 달라는 경우

{ Skill }

기내에서 좌석 업그레이드는 규정상 안 되는 것으로 정해져 있다. 가끔 상위 클래스에 승객이 적어 좌석이 남아 있는 경우 어차피 남은 좌석이니 앉아서 가도 되는지를 물어 오는 경우가 있다. 좌석 등급에 따라 비용의 차이가 있기도 하여 불가능 하나 환자 발생인 경우라면 상의해 볼 수 있다.

{ 3문장 답변 }

공감 : 승객이 몸이 불편하실 것 같습니다.

해결책 : 제가 알기로는 기내에서 업그레이드가 안 되는 걸로 알고 있는데 이러한 내용을 정중히 안내해 드리고 사무장님이나 선배님께 상황을 알려 승객이 편히 가실 수 있도록 도와 드리겠습니다.

지속적인 관심 : 그리고 비행을 마칠 때까지 지속적인 관심을 가지겠습니다.

7. 화장실 옆 자리가 시끄러워서 불편하다고 자리 바꿔달라고 하는 승객의 경우(만석)

{ Skill }

승무원은 비행 중 화장실을 체크하도록 되어 있다. 청결, 화재발생, 환자 발생의 이유로 체크하기 위해 승객이 사용하고 나올 때마다 체크한다.

{ 3문장 답변 }

공감 : 이런 경우라면 승객이 불편하실 것 같습니다.

해결책 : 만석이여서 좌석을 못 바꿔드린다면 화장실을 이용하시는 승객이 조용히 이용하실 수 있도록 승무원이 화장실 옆에서 신경을 쓰겠습니다. 그리고 다른 승무원에게도 이러한 내용을 공유해 승객이

조용하고 편안하게 가실 수 있도록 노력하겠습니다.

지속적인 관심 : 그리고 비행을 마칠 때까지 지속적인 관심을 가지겠습니다.

8. 만취 승객이 술을 계속 달라고 하는 경우

{ Skill }

술을 제공할 때는 다른 승무원들과도 정보가 공유되도록 근무시트에 작성해 두고, 만취인 경우에는 더 이상 술 제공을 하지 않는다.

{ 3문장 답변 }

공감 : 이런 경우 승무원이 어려울 것 같습니다.

해결책 : 기내에서는 승객에게 제공되는 술의 횟수가 3회로 정해져 있는 걸로 알고 있는데 이러한 내용을 알려 드리고 술이 깰 수 있도록 다른 음료를 권해 보겠습니다.

지속적인 관심 : 그리고 비행을 마칠 때까지 지속적인 관심을 가지겠습니다.

9. 만취 승객이 난동을 부리는 경우

{ Skill }

기내에서의 음주는 지상에서보다 다른 반응을 보이기도 한다. 승무원은 술이 3회 제공으로 정해져 있다는 것을 미리 안내한다. 승객이 난동을 부릴 경우엔 제압을 하는 보안장비가 탑재되어 테러를 방지하는 차원으로 사용되기도 한다.

{ 3문장 답변 }

공감 : 이러한 경우엔 승무원도 다른 승객도 위험할 것 같습니다.

해결책 : 사무장님과 선배님께 상황을 알려 난동 부리는 승객을 제압하고 다른 피해가 생기지 않도록 하겠습니다.

지속적인 관심 : 그리고 비행을 마칠 때까지 안전한 비행이 되도록 주의하겠습니다.

10. 기내 담요를 기념품으로 달라고 하는 경우

{ Skill }

항공사 담요가 승객의 입장에서 탐이 나기도 한다. 하지만 항공사의 자산으로 기내유출이 금지되어 있고 기내판매도 되고 있다.

{ 3문장 답변 }

공감 : 승객이 기념품으로 가지고 가고 싶을 것 같습니다.

해결책 : 하지만 기내 담요는 반출이 안 되는 것을 알고 있는데 이러한 내용을 정중히 안내드리고 기내에 다른 기념품이 될 만한 것이 있는지 살펴보고 드리도록 하겠습니다.

지속적인 관심 : 그리고 비행을 마칠 때까지 지속적인 관심을 가지겠습니다.

11. 승객이 데리고 탄 반려동물이 케이지 밖으로 나오고 싶어 한다며 잠깐만 꺼내게 해달라고 하는 경우

{ Skill }

기내에 동반 가능한 반려동물이 정해져 있고 애완 케이스에서 밖으로 꺼낼 수 없는 것이 규정이다. 다른 승객은 반려동물 주인과 동물을 바라보는 시선이 다를 수 있고 알레르기 등의 이유로 폐가 될 수 있기 때문이다. 주인이 섭섭하지 않도록 공감하는 전달이 중요하다.

{ 3문장 답변 }

공감 : 이런 경우라면 승객의 마음이 불편할 것 같습니다.

해결책 : 그러나 기내에서는 애완견 케이지 밖으로 꺼내지 못하는 것을 알고 있는데 이러한 내용을 정중히 안내해 드리고 다르게 도와드릴 것이 없을지 살펴보겠습니다.

지속적인 관심 : 그리고 비행을 마칠 때까지 지속적인 관심을 가지겠습니다.

- 동반 가능한 반려동물 : 개, 고양이, 새
- 반려동물 기내 반입 가능 여부

  반려동물과 운송 용기의 무게를 합쳐 5kg 이하인 경우 : 기내로 반입

  반려동물과 운송 용기의 무게를 합쳐 5kg 초과 32kg 이하인 경우 : 위탁 수하물로 탑재

- 승객 1인당 1마리의 반려동물 운송이 가능합니다.
- 기내 반입 1마리, 위탁수하물 1마리의 경우는 두 마리까지 운송이 가능합니다.
- 한 쌍의 새, 6개월 미만의 강아지 2마리 또는 고양이 2마리는 하나의 운송 용기에 넣어 운송이 가능합니다.

＊ 출처 : 대한항공 홈페이지 〈동반 가능한 반려동물〉 중 일부 내용

12. 좌석벨트 표시등이 켜져 있는데(좌석벨트를 착용하라는 메시지를 전하는 불빛 사인), 좌석벨트가 답답하다고 매지 않는 승객이 있는 경우

{ Skill }

좌석벨트 착용은 표시등이 켜있지 않더라도 항시 착용해서 예상치 못한 기체 흔들림에 안전하게 대비할 수 있다.

{ 3문장 답변 }

공감 : 이런 경우는 승객이 위험할 것 같습니다.

해결책 : 답답하시더라도 좌석벨트 표시등이 켜져 있어서 갑자기 기류가 흔들려 크게 다칠 위험이 있음을 다시 한 번 정중히 안내해 드리고

지속적인 관심 : 비행을 마칠 때까지 안전하도록 지속적인 관심을 가지겠습니다.

13. 좌석벨트 사인이 켜져 있을 때 화장실을 꼭 가야겠다는 경우

{ Skill }

멀미로 인해 구토를 하게 될 경우나 복통이 갑자기 심해지는 등의 급한 상황일 경우가 있어 참 난감할 때다.

{ 3문장 답변 }

공감 : 이런 경우 승객이 위험할 것 같습니다.

해결책 : 좌석벨트 표시등이 켜져 있을 때는 승객이 움직일 수 없는 걸로 알고 있는데, 이러한 내용을 정중히 말씀드리겠습니다. 그리고 승객이 화장실에 급하게 가길 원하는 상황을 사무장님이나 선배님께 알려드려 도와드릴 수 있는 방법이 있을지 살펴보겠습니다.

지속적인 관심 : 비행을 마칠 때까지 지속적인 관심을 가지겠습니다.

14. 기내 반입이 어려운 유모차를 가지고 탑승한 경우

{ Skill }

항공사마다 기내에는 반입되는 짐의 사이즈가 정해져 있고, 수하물에 대한 규정이 있으니 미리 참고하면 좋다.

{ 3문장 답변 }

공감 + 해결책 : 이러한 경우라면 기내에 탑재할 수 있는 사이즈에 해당되는지 점검을 하고 승객께 정중히 말씀드려 그에 따라 조치를 취하겠습니다.

지속적인 관심 : 그리고 비행을 마칠 때까지 지속적인 관심을 가지고 내리시기 전에 유모차 찾는 것에 대해 한 번 더 안내해 드리겠습니다.

○ 수하물 준비방법 및 유의사항

• 안전한 여행을 위해 짐은 되도록 간편하게 꾸립니다.

• 기짐은 항공사에서 안내하는 지정된 크기와 무게를 초과하지 않도록 하고, 내용품이 손상되지 않도록 적절히 포장합니다.

• 만약의 경우를 대비하여, 가방의 안쪽과 바깥쪽에 고객님의 이름과 주소지 그리고 목적지가 잘 보일 수 있도록 영문으로 작성한 이름표를 붙여 둡니다.

• 다용도 칼(일명 맥가이버칼), 과도, 가위, 손톱 깎기, 골프채 등은 휴대 제한 품목으로 분류되어 기내로 반입할 수 없으므로, 미리 짐에 넣습니다.

• 라이터 혹은 페인트, 부탄가스, 버너 등 불이 붙거나 폭발 가능성이 있는 물건은 운송 제한 품목으로 항공기 운송이 금지되어 있어, 짐으로 부치실 수 없습니다. 단, 라이터의 경우 본인이 휴대하는 1개에 한해 반입 가능합니다.

- 2008년 4월 8일 부로 중국 국제선 및 국내선 공항 보안검색대에서 라이터 및 성냥 휴대탑승이 금지되고 있사오니, 여행 시 유의하여 주시기 바랍니다.

- 도자기, 전자제품, 유리병, 액자 등 파손되기 쉬운 물품이나 음식물과 같이 부패되기 쉬운 물품, 악취가 나는 물품은 짐으로 부치실 수 없습니다.

- 자전거, 서핑보드와 같은 스포츠 용품이나 애완동물 등 특수 수하물은 사전에 반드시 항공사에 알려주시어, 출발 당일 여유 있게 처리 될 수 있도록 합니다.

- 노트북 컴퓨터, 핸드폰, 캠코더, 카메라, MP3 등 고가의 개인 전자제품, 보석류, 골동품, 귀금속류 등 고가의 물품은 짐에 넣지 마시고, 직접 휴대하시기 바랍니다. 이러한 물품 또는 현금, 유가증권, 계약 서류, 논문, 의약품 등의 분실이나 그로 인한 여하한 손해에 대한 항공사에서는 책임을 지지 않습니다. 단, 미주 출/도착편의 경우 이런 제한이 적용되지 않습니다.

  * 출처 : 대한항공 홈페이지

---

11. 기내에서 돈이 오가는 카드 게임하는 승객이 있는 경우

{ Skill }

도박에 대한 규정이 있고 작은 동전 게임이라고 하더라도 의도치 않게 상황이 변질되는 것을 막기 위해 승무원은 제지를 하고 있다.

{ 3문장 답변 }

공감 : 승객 분들이 즐거움으로 하시는 것이지만 다른 승객에게도 피해가 있을 것 같습니다.

해결책 : 기내에서 금전이 오가는 게임은 금지되는 걸로 알고 있는데

이러한 내용을 정중히 안내해 드리고 사무장님과 선배님께 정보를 공유하여 쾌적한 비행이 되도록 하겠습니다.

지속적인 관심 : 그리고 비행이 마칠 때까지 지속적인 관심으로 모시겠습니다.

12. 기내 넓은 복도 자리에 누워있는 경우

{ Skill }

간혹 허리가 불편하신 승객은 넓은 기내 공간에 누워있는 경우가 있는데 안전을 위해 규정을 지킬 수 있도록 하고 ,기내에서는 기내 체조 비디오를 상영하여 승객의 건강함을 지킬 수 있도록 하고 있다.

{ 3문장 답변 }

공감 : 승객이 몸이 불편하신 것 같습니다.

해결책 : 하지만 비행 중에도 기내의 흔들림이 있을 수 있어 따른 안전을 위해 좌석벨트를 매고 자리에 앉아야 한다고 알고 있습니다. 이러한 내용을 정중히 안내해 드리고 다른 불편한 점이 없으신지 살펴 도와드리도록 하겠습니다.

지속적인 관심 : 그리고 비행이 마칠 때까지 지속적인 관심을 가지겠습니다.

16. 기내 면세 허용량을 넘어 선물용으로 술을 더 구입하려는 승객의 경우

{ Skill }

선물용으로 구입하는 승객은 동일 상품으로 구입하는 경우가 많다. 면세 허용량을 잘 지킬 수 있도록 승무원이 안내해 주도록 한다.

{ 3문장 답변 }

공감 : 승객이 선물용으로 더 구입하고 싶으실 것 같습니다.

해결책 : 하지만 기내 면세 허용량이 1병인 것이 규정으로 알고 있는데 이러한 내용을 정중히 안내해 드리고 선물용으로 대신할 다른 상품을 권해 드려 보겠습니다.

지속적인 관심 : 그리고 비행을 마칠 때까지 다른 것이 더 필요하신지 지속적인 관심을 가지겠습니다.

대상 : 국제선 이용 고객

결제 : 총 5종류 화폐와 수표, 여행자 수표 및 신용카드 등

현금, 여행자 수표 : 한국 원(₩), 미국 달러($), 일본 엔(¥), 유럽 유로(₡),중국 위안(¥)

신용카드

- 한 카드당 USD 1,500 (또는 이에 준하는 원화 금액) 한도 내 구입 가능

- 국내 발행 카드로 KRW 50,000원 이상 구입 시, 2–12개월 할부 결제 가능

- 국내 전용 카드는 원화로만 결제 가능

- 사용불가 카드 : 비자일렉트론, 직불카드, 체크카드, 타인명의 카드

규정 한도액 : 규정 한도액은 없으나, 입국 국가의 면세 허용량 준수 필요(싸

이버스카이숍 참조)

✱ 출처 : 대한항공 홈페이지 〈서비스 안내 중 기내 면세품 쇼핑 안내〉

(3) 천재지변을 묻는 영역

비행 신입시절 겨울철 폭설로 비행이 지연되었던 적이 있었다. 아침 비행이었는데 2시간 정도 지연된다고 하여 회사에서 팀원들과 대기하였으나 기상악화와 기체에 쌓인 얼음을 제거하는데 어려움이 있어 지연 시간을 예측할 수 없이 귀가하여 대기했었다. 그러다가 저녁 시간에 출발소식이 전해져 부랴부랴 회사로 출근하며 하루를 긴장으로 보냈던 기억이 있다. 물론 승객 또한 승무원과 같았을 거다. 그러한 승객 상황도 이해하지만 비행이 계속 지연된다는 불평과 더불어 여러 불만을 승무원에게 말하곤 할 때면 난감했다. 기내에서 승무원을 보니 지연되는 점에 위로의 말이라도 듣길 원해서였을 거다. 이렇듯 자연 재해로 인한 천재지변의 경우 승무원이 어떤 해결책을 내놓을 수 없다. 그럼에도 불구하고 승객은 승무원을 통해 공감과 위로를 필요로 하고 있음을 인지하고 이러한 상황에 더욱 정중한 태도와 공감의 응대를 하면 좋다. 지원자 또한 자칫 승무원이 어찌할 수 없는 상황이라며 승객의 불만에 무성의한 표정은 주의하고, 성의 있는 태도로 응대하면 좋다. 자연재해 뿐 아니라 어찌할 수 없는 어려운 상황의 질문이다.

① 천재지변을 묻는 질문

아래 답변은 스피치에 따라 다른 이미지를 보일 수 있다는 점을 감안해 예시 답변을 중심으로 지원자만의 서비스다운 말솜씨를 덧붙여 보자. 답변마다 공감을 붙여 답을 작성하였지만 공감이 어색할 경우 생략해도 좋다.

② 답변 CORE SKILL - 천재지변 답변 Skill & 3문장 답변

---

1. 한 시간이나 늦게 도착한다고 화를 내는 상황

{ Skill }

중요한 일정에 차질이 생기면 화가 날 수 있는 승객 입장을 이해하되 심하게 화를 내거나 폭언은 승무원입장에서도 불쾌하다.

{ 3문장 답변 }

공감 : 이런 경우라면 승객이 화가 나실 것 같습니다.

해결책 : 늦어진 상황에 죄송하다는 말씀을 정중히 드리겠습니다. 그리고 늦어진 이유를 알아봐 드리고

지속적인 관심 : 비행을 마칠 때까지 지속적인 관심을 가지겠습니다.

---

2. 옆의 (외국인에게서) 승객에게서 냄새가 나서 같이 못 앉겠다고 불만을 말하는 경우

{ Skill }

이럴 경우엔 서로 기분이 상하지 않도록 승무원이 조심히 대응해야 한다. 외국이이여서 한국말을 못 알아들을 것이라고 생각할지 몰라도 불편함을 느껴하는 승객은 직감으로 알 수 있다. 괜한 오해로 번지지

않도록 잠시 갤리나 다른 장소로 이동하여 말을 하면 좋겠다.

{ 3문장 답변 }

공감 : 이런 경우라면 승객이 불만이 있을 수 있을 것 같습니다.

해결책 : 기내에 공기 청정제가 있는 걸로 알고 있는데 기내 전체에 청정제를 뿌려 환기될 수 있게 하겠습니다. 혹시 여분의 좌석이 있다면 옮겨드릴 수 있도록 선배님께 여쭤보겠습니다.

지속적인 관심 : 비행을 마칠 때까지 지속적인 관심을 가지겠습니다.

3. 비행 중에 승객이 자신의 소지품을 공항에 놓고 왔다며 당황하는 경우

{ Skill }

승객의 소지품을 공항에 놓고 온 경우에는 기장님이 해당 공항과 연락하여 분실물 센터에 보관도록 하기도 한다.

{ 3문장 답변 }

공감 : 이러한 경우라면 승객이 많이 당황하실 것 같습니다.

해결책 : 먼저 사무장님께 보고 드려서 방법을 찾고 승객을 안정되게 도와 드리겠습니다.

지속적인 관심 : 비행을 마칠 때까지 지속적인 관심을 가지겠습니다.

4. 기내에서 반지를 잃어 버렸다고 당황해 하는 경우

{ Skill }

실제로 비행 중 승객의 소지품을 잃어버리는 경우가 종종 발생한다. 반지를 잃어버린 승객이 있어서 전 승무원이 기내 식사 트레이와 쓰레기통을 찾고 신경을 썼었다. 한참을 그렇게 시간을 보내고 걱정을 하던 차에 승객의 주머니에서 반지를 찾게 되어 안도의 한숨을 쉬었던 경험이었다. 기내에서 분실된 경우라면 승객의 옷과 가방을 먼저 꼼꼼히 확인도록 하고 다른 승객이나 심지어 승무원이 의심받지 않도록 전 승무원이 함께 찾곤 한다.

{ 3문장 답변 }

공감 : 이런 경우라면 승객이 많이 당황되실 것 같습니다.

해결책 : 먼저 전 승무원과 이러한 상황을 공유하여 기내 공간에서 찾을 수 있도록 최대한 노력하겠습니다.

지속적인 관심 : 비행이 마칠 때까지 지속적인 관심을 가지겠습니다.

5. 기내가 갑자기 흔들려서 승객에게 음료를 쏟은 경우

{ Skill }

비행 전 운항 브리핑 시 항로에 따른 기류변화와 흔들림 정도를 전 승무원에게 브리핑 한다. 하지만 비행 중 예상치 못한 기류 변화가 있는 경우는 운항 승무원과 객실 승무원도 당황하긴 마찬가지이다. 이러한 상황에도 안전 의식을 가지고 승객의 입장을 먼저 헤아리는 태도가 중요하다.

{ 3문장 답변 }

공감 : 이런 경우 승객이 놀라셨을 것 같습니다.

해결책 : 사과의 말씀을 드리고 신속하게 대처해 쏟은 음료수를 닦아 드리겠습니다.

그리고 세탁할 수 있는 쿠폰이 지급되는 것으로 아는데 사무장님께 보고 드려서 승객이 편히 가실 수 있도록 해 드리겠습니다.

지속적인 관심 : 비행을 마칠 때까지 지속적인 관심을 가지겠습니다.

비행 공포증은 비행기 여행 중 또는 비행기 여행을 준비할 때 불안 혹은 불쾌감을 느끼는 불안장애를 말합니다. 전혀 비행기를 못 타시는 분, 어쩔 수 없는 경우에만 비행기 여행을 하시는 분, 비행기 여행을 하시지만 탑승 내내 마음이 불편한 분 등 그 증상 또한 다양합니다.

• 자신의 신체감각이나 불안에 집중하지 않고, 다른 사람과 대화를 나눕니다.

• 대한항공이 제공하는 오디오 프로그램의 명상 음악을 듣습니다.

• 전문가의 도움을 받습니다.

＊ 출처 대한항공 홈페이지 〈기내 서비스〉 중 비행 공포증

6. 승무원의 급여에 대해 묻는 경우

{ Skill }

직장인 누구든 급여에 대한 답은 피하고 싶은 질문이고, 비교할 수 있는 직군을 대신하여 답변하면 좋겠다.

{ 3문장 답변 }

공감 : 승객이 궁금해 하실 것 같습니다.

해결책 : 승무원의 급여 공개는 조금 조심스러울 수 있으니 다른 대기업 신입 급여와 비슷하다고 말씀드리도록 하겠습니다.

지속적인 관심 : 비행을 마칠 때까지 더욱 친절히 관심을 가지겠습니다.

7. 기내에 탑승한 유명 인사에게 사인을 받아달라고 하는 경우

{ Skill }

사인을 받는 것에 대해 금지된 규정은 없다. 하지만 사인을 받을 예의 가 지켜지지 않을 경우 대신 받아드리기가 곤란할 때가 있으니 사인 받을 수첩이나 책 등 성의 있는 사인지를 준비하면 좋겠다. 때론 기내 엽서를 활용했던 경우도 있다.

{ 3문장 답변 }

공감 : 이런 경우라면 사인을 받고 싶을 것 같습니다.

해결책 : 승객에게 사인지를 부탁드리고 유명인사에게는 양해를 구해 가능하다면 사인을 받아드리도록 하겠습니다.

지속적인 관심 : 그리고 비행을 마칠 때까지 편안한 비행이 되시도록 관심을 가지겠습니다.

8. 생선과 치킨의 기내식 메뉴가 있는데 언어가 통하지 않는 승객인 경우

{ Skill }

기내식을 열어 보여드릴 경우에는 승무원의 식사로 공개하여 다른 승 객의 식사에 피해가 가지 않도록 해야겠다. 열어 본 식사를 제공받고 싶은 승객은 없을 거다.

{ 3문장 답변 }

공감 : 이럴 경우 승객이 답답한 마음일 것 같습니다.

해결책 : 언어가 통하지 않는다면 기내식을 보여 드리면 좋을 것 같습니다.

지속적인 관심 : 그리고 비행을 마칠 때까지 편안한 비행이 되시도록 관심을 가지겠습니다.

답변
CORE SKILL 5
- 항공사

지원사의 정보와 최근 소식으로 답변한다. 지원자로써 성의와 책임감이 평가되는 질문이다. 지원하는 회사의 경영 이념 및 철학과 정보, 최근 보도 소식과 광고, 운영 실적, 발전 방향 등에 대해서 충분히 이해하고 있는 것은 지원자의 기본 태도다. 그럼에도 불구하고 지원 회사의 항공기 수가 몇 대인지, 노선 수가 어느 정도인지, 설립일이 언제인지를 답하지 못하는 지원자가 의외로 많다.

기업은 자신의 기업 비전을 충실히 따를 수 있는 인재를 원하기에 놓치기 쉬운 기본 사항들을 기억해 두고, 최신 소식은 꼼꼼히 살펴 답변 자료로 유용하게 활용해 보자.

❶ 항공사 관련 질문과 답변 작성 법

항공사 답변 공식 = 기사 + 장점 or 추가/보완할 아이디어

(1) 회사의 장점을 말할 땐 아부성이 느껴지지 않게 하라

회사의 장점 답변은 비교적 쉬운 편이다. 그렇게 하듯 회사의 발전성이 느껴지는 부분을 장점으로 준비한다. 이때 주의할 점은 칭찬에도 방법이 있듯 진정성이 느껴지지 않는 장점 답변은 오히려 독이 될 수 있다는 점을 감안해 설득력 있는 자료가 제시될 수 있도록 준비하도록 한다. 수상 내역 및 관련 기사를 필히 활용하면 좋다.

Q. 회사의 장점을 말해 보세요.

A. 대한항공의 장점은 세계로 뻗은 다양한 노선이라고 생각합니다. 최근엔 아프리카 지역까지 여행할 수 있는 노선이 생겨 새로운 세계에 기대를 가지게 합니다.

{ 기사 활용 }

A+ 최근 대한항공이 케냐 항공편 운항을 앞두고 있다는 기사를 보았습니다. 다양한 나라의 노선을 지니고 있는 대한항공에서 새로운 세계에 기대를 열어 주어 기대가 되고 이렇게 세계로 끊임없이 성장하는 발전 동력이 대한항공의 장점이라고 생각합니다.

A. 아시아나 항공의 장점은 사회적으로 봉사활동을 활발히 하는 점이라고 생각합니다. 회사 직원들의 따뜻함을 느낄 수 있고 배려를 느낄 수 있어서 좋습니다.

{ 기사 활용 }

A+ 아시아나 항공이 나눔 활동으로 세계적 흐름에 발맞추어 나아가는 점이 장점이라고 생각합니다. 최근 영어 체험 교육 행사를 진행하여 학생들에게 영어교육의 기회를 제공한 기사를 보았는데 이러한 재능 기부를 통해 이웃 사랑을 적극적으로 실천하는 점을 보게 되어 기업의 따뜻함을 느꼈습니다.

(2) 지원회사의 단점(개선점)을 말할 땐 되도록 기사를 활용하라

회사의 단점(개선점)을 답변할 때 어렵게 느껴진다고 한다. 상대의 단점을 말하기란 쉽지 않은데 평가의 자리에서 말을 해야 하니 어렵게 느껴지는 것은 당연하다. 이때 주의할 점은 단점을 말하는 지원자의 모습에서 호감도를 잃지 않아야 하며 면접관이 상세히 알고 싶어 하지 않는 단점을 상세히 설명할 필요는 없다. 사고나 현재 안 좋은 이슈를 말하여 오히려 의도에 벗어나는 객관성 있는 근거와 함께 보완점과 개선점을 담은 단점을 제시할 수 있도록 준비하자.

Q. 회사의 단점을 말해 보세요.

A. 대한 항공의 글로벌한 성장은 좋으나 승무원의 태도가 아쉽습니다. 얼마 전 일본 여행을 다녀오며 대한항공을 이용한 적이 있는데, 바쁜 상황인 것은 이해가 되지만 고객 입장에서는 좀 더 매너 있는 태도를 기대하게 되는 것 같습니다. 승무원의 교육이 강화된다면 개선될 것 같습니다.

A의 답변이 항상 당락의 기준이 되는 것은 아니나 면접관마다 평가에는 유동성이 있을 수 있다. 승무원의 친절한 태도에 더욱 신경을 써야겠다고 생각하는 반면 답변하는 지원자가 부정적인 이미지로 보일 수 있다. 다음 A+ 답변과 비교하여 살펴보자.

{ 기사 활용 }

A+ 최근 케냐 항공편 운항을 앞두고 있다는 기사에서처럼 노선을 넓혀 글로벌한 성장을 하는 점이 장점이라고 생각합니다. 이러한 점에 좀 더 보완하고자 하는 점으로, 운항할 곳이 세계 빈민 지역인 만큼 케냐 어린이들에게 생수나 의류 등의 물품 지원이 제공된다면 좋겠다는 생각을 해봤습니다.

A. 아시아나 항공은 한국의 이미지를 잘 상징하고 있는 만큼 기내식에 좀 더 신경을 쓰면 좋겠습니다. 여름철 보양식 메뉴와 같이 영양이 듬뿍 담긴 식사가 제공되면 승객들도 더욱 좋아할 것 같습니다.

{ 기사 활용 }

A+ 아시아나 항공이 얼마 전 여름철 기내식으로 영양이 가득한 보양식 메뉴를 출시한다는 기사를 보았습니다. 이에 좀 더 세심히 서비스하여 외국인들도 즐겨 드실 보양식과 곁들일 한국 전통의 맛을 느끼게 하는 반찬으로 차별성을 두면 좋겠다는 생각을 가지고 있습니다.

단점을 말할 때는 '저 지원자가 우리 회사를 저렇게 부족하게 생각하는구나.'라는 느낌을 주기 보다는 보완할 아이디어를 제공해 회사에 도움이 되는 직원의 느낌을 전달할 수 있으면 좋겠다.

(3) 지원 회사의 단점, 개선점을 말할 땐 보완할 아이디어를 떠올려라

경영진은 항상 기업의 성장과 발전성에 집중한다. 단점과 개선점을 질문하는 의도가 회사의 단점과 개선점에 대한 지적을 받고자 하는 것은 아니다. 그를 통해 회사의 발전을 꾀할 수 있는 참신한 아이디어나 정보를 원하고 그러한 인재에 대해 호감을 느껴할 것이다. 개인의 아이디어를 도출해 내는 것도 좋지만 회사 기사를 활용하면 아이디어 소스를 캐내기가 용이하고 객관성 있고 설득력 있다. 항공 관련 기사를 읽으며 장점과 보완할 점을 동시에 생각하여 준비하면 효과적이다.

매 기사마다 보완할 아이디어를 뽑아내기엔 내용상 억지스러울 수 있다. 하지만 기사 중 회사의 서비스 관련 기사나 사회 환원 활동 관련 기사 속에서 아이디어가 생기기 쉬우니 살펴보고 이를 단점, 개선점 답변의 기회로 삼아보면 좋다는 의미다.

(4) 기사는 내용에 따라 분류하라

기사는 내용에 따라 운영실적(발전), 서비스, 노선확대, 사회공헌 활동 등으로 분류하여 준비하자. 운영의 내용보다 그 외 뉴스 내용이 답변 구성에 용이하다.

(5) 지원회사 기사를 최소 10개를 준비하라

회사 소개나 근황에 대해 공통 질문을 받게 되면 타 지원자와 겹치지 않는 내용을 말해야 하니 최소 10개의 기사를 준비하고 각 기사에 대한 10개의 장점, 단점과 개선점은 보완할 아이디어로 5개 정도 준비해 두면 든든하다.

(6) 기사를 활용하여 말문 막히는 상황은 피하라

기사를 활용한 아이디어 도출은 겹치지 않는 답변에 도움이 되고 최소한 말문이 막히는 상황은 피할 수 있다.

❷ 답변 CORE SKILL - 기사 활용하여 항공사 답변

대한항공 기사 활용하기

예시로 활용한 기사는 과거의 내용을 선택했고 현재 기사를 보며 답변을 구성해 보면 좋겠다.

단점 예시 답변 시 기사에 근거한 답으로 협소한 느낌의 답이라는 생각이 들 수 있지만 지원자의 호감도를 유지하는 맥락에서 이해하기 바란다. 그리고 답변 중 '단점'이라는 어휘를 피하고 싶어 하는 지원자들이 있는데 적절한 느낌으로 스피치하면 좋겠고, 지나치게 '단점' 어휘를 피하느라 답변 내용이 질문 의도를 빗겨가지 않도록 한다.

또 예시처럼 매 기사마다 아이디어가 없을 수도 있고, 나만의 아이디어가 두세 개 정도만 되어도 된다. 예시의 아이디어를 참고해 보고, 아이디어를 떠올리며 아이디어의 실행 여부까지 고민하는 것은 어려우니 지원자의 입장에서 떠올릴 수 있는 아이디어라면 충분하다.

(1) 대한항공 '아시아 최고 일등석 항공사상' 4년 연속 수상(스포츠 조선, 2013년 10월 2일)

{ 기사요약 }

'월드 트래블 어워즈 2013 아시아 · 오스트레일리아 지역 시상식' 에서 '아시아 최고 일등석 서비스 항공사'(Asia's Leading Airline First Class) 상을 수여할 예정이다. 영국의 여행운송 콘텐츠 제공사인 '월드 트래블 그룹'(World Travel Group)이 제정한 상으로 전 세계 여행, 관광, 항공업계 종사자 투표로 항공뿐 아니라 공항, 호텔, 관광 등 분야에 대해 지역별로 수상업체를 선정한다.

● 장점

최근 대한항공이 아시아 최고 일등석 항공사로 4년 연속 수상했다는 기사를 보았습니다. 대한항공만의 특화된 '코스모 스위트'(Kosmo Suites)명품좌석이 고객의 품격을 높여주었다는 내용이었는데 이처럼 고객차별화 서비스로 명품 서비스를 이어가는 점이 장점이라고 생각합니다.

● 아이디어로 단점, 개선점

최근 대한항공이 아시아 최고 일등석 항공사로 4년 연속 수상했다는 기사를 보았습니다. 일등석 서비스가 인정을 받아 좋으나 일반석에서도 이와 같이 명품 서비스로 인정받았으면 하는 아쉬움이 남습니다. 일반석 승객들의 품격 서비스가 추가된다면 좋을 것 같습니다.

(2) 대한항공, 서비스 차별화로 '고속 비행'(한국경제, 2013년 9월 30일)

{ 기사 요약 }

한국 고객만족도 (KCSI) 저비용 항공사의 국제선 점유율이 늘고 있는 상황에도 불구하고 전체 항공 산업의 만족도는 지난해보다 소폭 하락 했지만 대한항공은 예외였다는 점이 핵심이다.

● 장점

대한항공이 한국 고객만족도(KCSI)에서 항공부분 1위를 차지했다는 기사를 보았습니다. 서비스 차별화로 일등석 수상 뿐 아니라 지속적인 고객만족도를 볼 수 있는데 이런 점이 장점이라고 생각합니다.

● 아이디어로 단점, 개선점

대한항공이 한국 고객만족도 (KCSI)에서 항공부분 1위를 차지했다는 기사를 보았습니다. 아시아나항공보다 좋은 평가를 받았지만 직원 응대 태도에서만 아시아나항공에 다소 뒤졌다는 점이 제시되었었는데 승무원의 친절도를 조금 높이면 인정이 높아질 것 같습니다.

(3) 대한항공 "어린이들의 예비항공인 꿈, 함께 키워요"(경제 투데이, 2013년 9월 29일)

{ 기사요약 }

대한항공이 진행하고 있는 사회적 기여와 나눔 활동의 기사다.

● 장점

대한항공이 얼마 전 "어린이들의 예비항공인 꿈, 함께 키워요" 프로그램을 가진 기사를 보았습니다. 이처럼 자라나는 어린이들에게 올바른 직업관을 형성하는 데 도움을 주어 꿈을 키우도록 도와주는 점이 장점이라고 생각합니다.

● 아이디어로 단점, 개선점

대한항공이 얼마 전 "어린이들의 예비항공인 꿈, 함께 키워요" 프로그램을 가진 기사를 보았습니다. 올바른 직업관을 안내해주는 점이 좋았으나 초등학교 3~6학년까지 어린이 대상으로 월2회 운영되는 것 뿐 아니라 청소년들의 항공사 직업 체험기회를 좀 더 늘려주었으면 하는 아쉬움이 있습니다.(이러한 점이 단점이라고 생각합니다.)

(4) 대한항공, "희망의 집짓기로 나눔 경영 실천합니다"(이코노미 조선, 2013년 9월 10일)

{ 기사요약 }
대한항공의 나눔 경영 활동으로 사막화를 막기 위해 나무심기를 하는 등의 활동도 있다.

● 장점

대한항공이 희망의 집짓기 나눔 경영을 하는 기사를 봤습니다. 대한항공 임직원과 가족들 120여명이 참여해 열악한 환경의 이웃을 돕는 내용이었는데 최고의 항공사로써 사회 환원활동을 하는 모습이 장점이라고 생각합니다.

● 아이디어로 단점, 개선점

대한항공이 희망의 집짓기 나눔 경영을 하는 기사를 봤습니다. 도움이 필요한 이웃에게 집을 지어주는 활동이 장점이지만 아이들의 교육 공간까지 세심히 신경 써 줄 수 있는 활동이 더 이루어진다면 좋을 것 같습니다.이러한 점이 단점이라고 생각합니다.

(5) SK텔레콤과 대한항공이 만나면 중·일 요금 80% 할인!(미디어잇, 2013년 7월 3일)

{ 기사요약 }

타 업체와 제휴로 인해 좀 더 고객들과의 유기적인 연결을 돕기도 하고, 기업의 이익 창출과도 연관이 있다. 이러한 과정에서 고객의 소비를 편리하게 하는 장점이 있다.

● 장점

올 해까지 대한항공을 이용하는 중국, 일본 출국승객 중 SK텔레콤 고객은 데이터 이용에 혜택이 있다고 합니다. 잦은 출장이 많은 비즈니스 승객을 위한 섬세한 배려심이 대한항공의 장점이라고 생각합니다.

● 아이디어로 단점, 개선점

올 말까지 대한항공을 이용하는 중국, 일본 출국승객 중 SK텔레콤 고객은 데이터 이용에 혜택이 있다고 합니다. 잦은 출장이 있는 승객들에게 좋은 혜택이나 다른 이동통신사 승객인 경우 혜택이 없어 부러워할 것 같아 다양한 통신사의 혜택을 늘려본다면 좋겠습니다.(이런 점이 단점이라고 생각합니다)

(6) 대한항공, 소외계층 의료봉사…'아름다운 동행'(EBN, 2013년 6월 3일)

> { 기사요약 }
> 대한항공의 봉사활동으로 연말이면 연탄 나르기, 김장나누기 등의 따뜻한 행사가 진행된다.

● 장점

대한항공은 꾸준히 소외계층을 위해 의료 봉사를 해오고 있습니다. 얼마 전에는 '아름다운 동행'으로 청력과 초음파 등 건강검진을 실시하였는데, 고객의 가장 중요한 건강까지 지속적으로 챙기는 모습이 장점이라고 생각합니다.

● 아이디어로 단점, 개선점

얼마 전 대한항공이 '아름다운 동행'으로 의료봉사 활동을 하였다는 기사를 보았습니다. 의료 봉사하는 모습은 좋으나 어린이 희귀병이 안타까운 요즘 실정에 맞추어 어린이들을 위한 의료봉사가 전문성 있게 이루어지면 좋겠다는 생각을 했습니다.

(7) 대한항공, 멸종위기 동물 보호에 나선다(서울경제, 2013년 6월 20일)

{ 기사요약 }

동물의 보호에 함께 하는 대한항공의 모습을 볼 수 있는데, 많은 동물 애호가들에게도 더욱 긍정적인 반응이 기대되고 환경을 위한 노력을 볼 수 있다.

● 장점

대한항공이 멸종 위기 동물의 동물인 상어를 보호하기 위해 샥스핀 화물 운송을 중단했다는 기사를 보았습니다. 세계적으로 샥스핀의 운송을 막자는 운동이 확산되고 있다는데 대한항공도 이에 동참하는 모습으로 멸종 동물의 보호는 물론 글로벌한 환경의식을 잘 이행하고 있는 점이 장점이라고 생각합니다.

● 아이디어로 단점, 개선

대한항공, 멸종위기 동물 보호에 나선다는 기사를 보았습니다. 멸종 위기의 동물을 보호하는 취지는 좋으나 우리나라의 생태 습지 보호나 우리나라만의 고유 동물을 보호하는 운동도 볼 수 있었으면 좋겠습니다.

(8) 동심으로 그려진 '한글의 아름다움'– 대한항공, 9월 7일 '제5회 내가 그린 예쁜 비행기' 어린이 사생대회 개최(뉴데일리, 2013년 9월 8일)

{ 기사요약 }

대한항공 주최로 어린이들이 그린 그림 중 대상작품은 비행기에 래핑을 한다. 그 비행기에 직접 시승할 수 있는 기회와 전 세계를 누비는 어린이 작품으로 희망적인 메시지를 전해준다.

● 장점

대한항공이 한글날을 기념하여 '한글사랑, 하늘사랑'을 주제로 어린이 사생대회가 열렸다는 기사를 보았습니다. 선정된 작품에는 자부심을 키워주는 동기부여의 역할을 하는 점이 장점이라고 생각합니다.

● 아이디어로 단점, 개선

한글날을 기념하여 '한글사랑, 하늘사랑'을 주제로 어린이 사생대회를 진행하는 기사를 보았습니다. 이를 통해 어린이의 꿈을 키워주는 대한항공의 노력은 좋으나 청년들의 실력을 뽐낼 수 있는 기회가 주어지면 좋겠습니다. 현재 청년 실업에 좀 더 적극적인 전략에 힘이 될 거라 생각하고 이러한 점이 개선된다면 좋겠습니다.

(9) 대한항공 상위클래스 타고 하얏트리젠시인천서 '샤워' 무료로 즐기세요!(아시아뉴스통신 2013년 9월 6일)

{ 기사요약 }
대한항공의 고객차별화로 집중적인 만족도를 위한 서비스다.

● 장점

상위 클래스 고객을 대상으로 하얏트리젠시인천 무료 샤워 서비스를 제공한다는 기사를 보았습니다. 비즈니스 고객에겐 더욱 맞춤 서비스이고 무엇보다 쾌적한 환경을 제공하며 고객의 감성 마케팅에도 영향을 미치는 것 같은 점이 장점입니다.

● 아이디어로 단점, 개선

대한항공이 상위클래스 고객을 대상으로 하얏트 리젠시 인천서 '샤워' 무료 서비스를 제공한다는 기사를 보았습니다. 편리성을 제공하는 점은 좋으나 상위클래스 고객뿐 아니라 일반석 고객에게도 호텔의 혜택이 있으면 좋을 것 같습니다.

(10) 대한항공, 스카이패스 회원 초청 '케냐 힐링 티타임' 가져(CBS 노컷뉴스, 2013년 8월 23일)

{ 기사요약 }
신규 노선 취항지에 관한 기사다. 지속적으로 신규 노선을 늘려가는 대한항공은 다양한 이벤트로 고객과 소통을 이어간다.

● 장점

대한항공이 스카이패스 회원을 초청하여 '케냐 힐링 티 타임'을 가진다는 기사를 보았습니다. 이벤트로 작가와의 만남과 더불어 항공권과 케냐 입장권을 증정한다는 내용이었는데, 현 문화코드에 맞는 새로운 참여로 깊이 있는 즐거움을 선사하는 점이 장점이라고 생각합니다.

● 아이디어로 단점, 개선

얼마 전 대한항공이 스카이패스 회원을 초청하여 '케냐 힐링 티 타임'을 가진다는 기사를 보았습니다. 홍보차원에서도 회원이 아닌 고객을 대상으로 한 티타임과 같은 행사가 진행되면 많은 참여가 있을 것입니다.

아시아나 항공 기사 활용하기

(1) 아시아나 항공, 자카르타에 가로등 설치(한국일보, 2013년 10월 4일)

{ 기사요약 }
아시아나는 전력 인프라가 취약한 취항지에 가로등을 기증하고 환경을 위한 기업의 기여 활동에 대한 기사다.

● 장점

아시아나 항공이 이슬람 성지인 자카르타에 있는 사원 부근에 태양광 가로등을 25개 설치하였다는 기사를 보았습니다. 밝은 거리는 물론

이산화탄소를 줄일 수 있는 있는 환경 활동에 앞장 서는 모습이 인상적 이였는데 이러한 점이 아시아나 항공의 장점이라고 생각합니다.

● 아이디어로 단점, 개선

아시아나 항공이 자카르타에 태양광 가로등을 설치한다는 기사를 보았습니다. 환경활동에 기여하는 모습은 좋았으나 타 기업과 좀 더 차별성 있는 환경활동이 진행되면 좋겠습니다. 북극곰이 환경오염에 방해 받고 있다고 하는데 산업 용품보다는 환경 친화상품을 구매토록 장려해 보면 좀 더 적극적인 환경운동이 될 것이라 생각합니다.

(2) 아시아나 지점장 추천 생생 여행정보, 책으로도 만난다(아시아뉴스통신, 2013년 10월 2일)

{ 기사요약 }
여행지 정보는 항공사 이용과 연관이 있어 마케팅적인 점도 있지만 다양하게 고객과 소통할 수 있는 창구가 되기도 한다.

● 장점

아시아나 항공이 생생한 여행정보를 책으로 출간한다는 기사를 보았습니다. 현지에 대한 정보를 항공사 직원이 직접 책으로 소개하면서 여행 정보와 더불어 생동감을 전하며 고객과 좀 더 친숙한 느낌을 전달할 수 있는 것 같습니다. 이러한 점이 아시아나 항공의 장점이라고 생각합니다.

● 아이디어로 단점, 개선

아시아나 항공이 생생한 여행정보를 책으로 출간한다는 기사를 보았습니다. 아시아나 SNS로 출간 이벤트를 제공하는 점이 기대되나 책에 소개된 여행지를 직접 여행해 현장감을 전달해 줄 수 있는 이벤트가 진행된다면 고객에게 깊은 선물이 될 것 같습니다.

(3) 아시아나항공, 4분기부터 이익 개선 기대… '매수' – 대신證(뉴스토마토, 2013년 9월 30일)

> { 기사요약 }
> 기업의 성장률에 관한 기사는 직원의 노력과도 연결지어 해석할 수 있다.

● 장점

4분기부터 이익이 늘어날 것이라는 기사를 보았습니다. 그 전 기사에서 적자 속에서도 직원들이 친화적인 협력으로 극복하여 사장님이 홈페이지 인사말에 올리셨던 내용이 기억납니다. 기업의 성장에 직원을 가족같이 여기는 경영진들의 마음이 아시아나 항공의 장점이라고 생각합니다.

● 아이디어로 단점, 개선

아시아나 항공이 4분기부터 이익이 늘어날 것이라는 기사를 보았습니다. 어려움을 극복해 나가는 모습은 인상적이지만 조금만 더 승객과의 이벤트가 활성화되어서 친밀한 서비스를 추구하면 좋겠습니다.

(4) 아시아나, 루싱소학교와 자매결연(동아일보, 2013년 9월 26일)

{ 기사요약 }

아시아나항공의 글로벌 사회 공헌활동의 하나로 중국 내 학교에 교육 비품을 지원하는 아름다운 교실 프로젝트이다.

● 장점

'아름다운 교실 프로젝트' 일환으로 중국의 루싱 소학교와 자매결연을 맺었다는 기사를 보았습니다. 글로벌 사회공헌 활동으로, 컴퓨터, 전자오르간, 도서 등을 기증하며 어린이들에게 배움의 장을 열어주는 모습이 아시아나 항공의 장점이라고 생각합니다.

● 아이디어로 단점, 개선

아시아나항공의 '아름다운 교실 프로젝트'가 활발히 진행되어 글로벌한 사회공헌을 한다는 기사를 보았습니다. 이에 좀 더 보태자면 아시아 지역을 넘어 유럽에서도 진행이 되면 좋겠습니다. 한류 열풍과 더불어 한국의 문화에 관심이 많은 유럽지역서도 진행이 된다면 좋겠습니다.

(5) 아시아나항공, [안전강화] 대책 내놔(뉴데일리, 2013년 9월 12일)

{ 기사요약 }

예기치 않은 항공사 사고에 대처하는 아시아나항공의 노력을 볼 수 있는 기사다.

● 장점

최근 아시아나 항공이 샌프란시스코 사태에 대해 안전강화책을 마련한 기사를 보았습니다.

외부 안전 분야 전문가를 영입하고 안전 심사 팀을 신설하여 안전도를 지켜간다는 내용이었습니다. 위기에 닥쳤을 때 적합하고 책임감 있는 대처를 하는 이러한 대책이 아시아나 항공의 장점이라고 생각합니다.

● 아이디어로 단점, 개선

최근 아시아나 항공이 샌프란시스코 사태에 대해 안전강화책을 마련한 기사를 보았습니다.

안전강화 대책으로 책임을 지는 모습이 좋으나 이러한 과정 진행들을 고객들도 함께 공유할 수 있으면 더욱 신뢰 가는 기업으로 인정받을 것 같습니다.

(6) 아시아나항공, 대학생 꿈 이루는 드림윙즈 후원(헤럴드 경제, 2013년 8월 21일)

{ 기사요약 }
교육을 중시하는 아시아나항공의 철학을 잘 보여주는 기사다.

● 장점

아시아나항공은 드림윙즈로 제 3기 베스트 드리머를 탄생시키고 다수 팀원에게 국제선 항공권과 체류비를 제공하는 했다는 기사를 보았습니다. 대학생이 경험하기 어려운 부분을 적극 지원해주며 글로벌한 인재로 성장하는 기회를 주는 점이 아시아나 항공의 장점이라고 생각합니다.

● 아이디어로 단점, 개선

아시아나 항공이 드림 윙즈로 대학생의 꿈을 지원한다는 기사를 보았습니다. 이에 현직 승무원에게도 직원들의 꿈도 키워줄 수 있는 프로젝트가 있었으면 좋겠습니다. 비전 있는 직원교육으로 좀 더 아시아나 항공에서 발전하고 성장하며, 정년퇴임까지 근무하는 기업으로 성장할 것 같습니다.

(7) 아시아나, 동계 시즌 '외투 보관 서비스' 실시(매일경제, 2014년 11월 27일)

{ 기사요약 }

외투 보관 서비스는 아시아나항공이 지난 1999년 겨울 항공업계 최초로 시행한 서비스에 더욱 의의가 있고 시행 후 2014년 11월까지 23만 명이 사용했다.

● 장점

아시아나항공이 겨울 여행을 맞이하여 외투 보관 서비스를 실시한다는 기사를 보았습니다. 다른 계절의 나라로 여행하는 승객들에게 두꺼운 외투는 짐이 되는데 이렇게 보관해주는 맞춤 서비스로 승객들에게 편리함을 주는 점이 장점이라고 생각합니다.

● 아이디어 단점, 개선

겨울철 외투 보관 서비스로 승객의 편의를 생각하는 점이 좋았습니다. 이에 국제선 탑승권 소지자를 대상으로 진행된다고 하는데, 국내선을 이용하는 승객에게도 서비스가 된다면 좀 더 좋을 것 같습니다.

(8) 국내 유일의 스카이트랙스 '5-Star 항공사' 7년 연속 유지(CBS 노컷뉴스, 2013년 6월 20일)

{ 기사요약 }

아시아나항공이 주력하는 직원의 친절함과 기내식에 대한 수상이 의미 있다. 기내승무원상을 수상한 것은 대한항공과 다른 점이다.

● 장점

아시아나 항공이 국내 유일의 스카이트랙스 '5-Star 항공사' 7년 연속 자격을 유지했다는 기사를 보았습니다. 이뿐 아니라 스카이트랙스로부터 '아시아 최고 직원 서비스상'과 함께 '최고 일반석 기내식상'도 수상하였다고 하는데 이처럼 최고의 기내 서비스를 위한 직원과 기내식의 발전에 끊임없이 노력하는 점이 장점이라고 생각합니다.

● 아이디어로 단점, 개선

아시아나 항공이 '아시아 최고 직원 서비스상'과 함께 '최고 일반석 기내식상'도 수상하였다는 기사를 보며 서비스의 최고 항공사라고 생각합니다. 이에 아시아나항공이 안전대책을 강화하였다는 기사를 보았는데, 서비스 발전과 같이 안전 면에서도 앞으로 더욱 강화되면 서비스와 안전 모두가 최고인 아시아나 항공으로 발전할 것 같습니다.

(9) 아시아나, 2013 '한국서비스품질지수(KS-SQI)' 1위(아시아경제, 2013년 6월 27일)

{ 기사요약 }
아시아나항공은 이번 평가에서 신기재 도입과 체계적인 VOC(Voice of Customer) 관리를 통한 차별화된 접점 서비스 제공이 높은 평가를 받아 항공부문 1위 자리에 올랐다.

● 장점

'2013 한국서비스품질지수(KS-SQI)' 조사에서 항공부문 1위에 선정된 기사를 보았습니다. 환승정보 시스템 구축과 장애인 전용 특수차량 확대 등으로 선정된 만큼 차별화된 접점서비스가 아시아나 항공의 장점이라고 생각합니다.

● 아이디어로 단점, 개선

'2013 한국서비스품질지수(KS-SQI)' 조사에서 항공부문 1위를 하며 차별화된 접점서비스에 감동 받았습니다. 이에 대해 잠재 고객에 해당되는 취업준비생들을 위한 교육 시스템이 구축이 된다면 좀 더 차별성 있는 서비스 품질이 평가될 것이라고 생각됩니다.

(10) 아시아나, '2013 상반기 캐빈 사회공헌 바자회' 실시(세계일보, 2013년 6월 12일)

{ 기사요약 }
아시아나항공의 사회공헌 활동 중 하나다.

● 장점

아시아나, '2013 상반기 캐빈 사회공헌 바자회' 실시한다는 기사를 보았습니다. 캐빈 승무원들이 직접 만든 바자회 수익금을 장애인 시설 등에 전달적극적인 사회공헌활동을 통해 소외계층과 더불어 사는 아름다운 세상을 만드는데 앞장서는 점이 장점이라고 생각한다.

● 아이디어로 단점, 개선

아시아나항공은 '2013 상반기 캐빈 사회공헌 바자회'를 실시하여 장애인 시설과 유니세프 한국위원회에 전달했다는 기사를 보았습니다. 사회공헌을 하는 점이 아시아나항공의 장점인데 대안학교와 같은 아시아나 항공만이 투자할 수 있는 학교가 있다면 인재개발에 도움이 될 것 같습니다.

❸ 항공사 인재 관련 단어 의미

(1) 안전 – 기내안전을 중요하게 생각한다

기내 최고 우선인 안전을 위해 전문적인 항공 기초 의료지식을 쌓고, 안전하고 편안한 비행을 위해 맡은 바 업무에 책임을 다 한다. 기내 최고 우선인 안전을 위해 신입 훈련과 재직 중 시행되는 안전 교육을 철저히 이수한다. 기내 구조와 훈련내용을 익혀 상황에 맞추어 침착하게 대처할 수 있도록 한다. 승객을 존중하고 배려하는 봉사의 마인드를 가진다.

(2) 글로벌 – '글로벌' 항공사로 성장한다
● 대한항공 인재상

항공사들은 '글로벌' 의 표현을 상징처럼 사용하고 있다. 글로벌 인재란, 외국어 실력과 열린 사고를 말한다. 열린 사고란 친절과 배려가

몸에 배어 상대와의 공감대 형성이 수월하고 감성지능이 높은 것으로 승객과 세련된 소통을 이어간다. 세계적으로 뻗어 나가는 항공사의 비전에 어울리는 말이다. 비슷한 말로 '국제적인 감각의 소유자'는 자기중심적 사고를 탈피하여 세계의 다양한 문화를 이해할 수 있는 세계인으로서의 안목과 자질을 갖춘 것을 말한다.

(3) 진취성

● 대한항공 인재상

항상 무엇인가를 개선하고자 하는 의지를 갖고 변화를 통해 새로운 가치를 창조해내고자 하는 성향을 말한다.

● 아시아나항공 인재상

적극성, 근무에 대한 동기부여, 아이디어 등의 말과도 의미를 같이할 수 있다. 진취적이고 긍정적으로 사고하고 생활하는 매사에 솔선수범하는 인재다.

(4) 성실함

● 대한항공 인재상

작은 일이라도 책임감을 가지고 완수하며 원만한 대인관계를 유지해 나가는 것을 말한다.

● 아시아나항공 인재상

학교생활, 근무에 책임을 다하며 참석하는 태도, 팀 화합을 위해 소통해 나아가는 과정, 친밀함 등과 어울리는 의미다. 또 팀플레이어로 업무를 잘 수행해 나갈 수 있는 인재, 집념과 끈기로 목표달성을 위해 노력하는 부지런한 인재다.

(5) 자기계발

승무원으로서 어학실력과 체력관리는 기본적인 자기계발의 요소이다. 서비스인으로서 새로운 서비스 아이디어를 고안할 수 있도록 지식과 계발에 힘쓴다.

● 아시아나항공 인재상

자기의 발전과 조직의 발전을 위해 항상 연구하는 인재다.

(6) 서비스 정신

먼저 다가가는 서비스 마인드, 친밀하고 친화력 있는 성향, 불만 서비스에 대처하는 응대력, 고객감동을 부르는 공감과 응대력 등으로 표현할 수 있다.

● 아시아나항공 인재상

올바른 예의를 지니고 정중한 태도를 지닌 의미다. 고객의 입장에서 고객을 가족같이 생각하거나 나보다 고객을 중시한다.

06

답변
CORE SKILL 6
- 시사

시사적인 질문에 답할 수 있는 답변 공식이 있다. 시사질문은 지원자의 사회적 상식을 파악하고자 하는 목적이 된다. 전반적인 사회의 트렌드를 읽을 줄 아는 것은 직원으로써도 발전 가능성을 볼 수 있을 것이며 정보가 샘솟는 지원자로 인식될 것이다. 그만큼 시사적인 질문에 적절한 답을 하고자 지원자는 노력한다.

❶ 시사 관련 답변 작성법

(1) 매일 업데이트해라

기본적으로 현재 사회적 이슈는 놓치지 말아야 한다. 우리나라 국민들이 모두 말하는 패션, 음악, 공연의 문화적 코드는 물론이고 정치, 경제, 국제적 관심사를 꾸준히 지켜보며 분야의 흐름을 말할 수 있길 기대해 본다. 매일 업데이트 되는 신문과 정보를 정독하면 좋고 현재를 아는 것은 미래를 볼 수 있는 안목을 지니고 있는 것과 같으니 지금을 항상 인식할 수 있길 바란다.

(2) 지원자의 호감 가는 이미지를 지켜라

승무원 지원자가 가장 갈등을 많이 하는 부분이다. 지원자 의견을 정확히 말해야하는지 그렇다면 어느 정도로 의견을 말해야 하는지 말이다. 기억해야 할 것은 지원자는 면접에서 면접관에게 '호감을 느끼게 하는 것'이다. 즉 면접관이 들었을 때 직원으로써 불편하다는 생각이 들지 않아야 할 것이며 함께 일하고 싶지 않은 불쾌감, 회사를 위기에 처하게 할 것 같은 위협성이 느껴지지 않아야 한다. 비판적인 사고를 지나치게 보일 경우는 팀 업무에 불협화음을 예고하는 것과 같고 답을 지나치게 돌려 말해서 답이 나오지 않는 경우는 주관이 없게 느껴져 업무진행이 또렷하게 진행되지 못하게 될 거라는 예고하는 것과 같다. 융화력 있으며 업무처리를 효율적으로 하는 이미지를 동시에 갖춰야 하는 것이 승무원 지원자의 숙제다.

- 정확한 의견을 말해야 하는지

- 너무 고지식한 이미지를 주진 않을지

- 치우쳐지지 않은 의견으로 말해야 하는지

- 우유부단한 이미지를 주진 않을지

(3) 기사 활용은 지원자를 보호하는 최고의 무기다

회사의 단점을 답할 때와 유사하게, 기사는 객관성을 지켜주는 최고의 도구다. 게다가 설득력까지 있으니 매일 업데이트 되는 기사를 분야별로 스크랩하고 지원자의 생각을 거침없이 적는 연습을 해라. 한 가지 주제에 관련된 기사를 최소 다섯 건 정도 읽어 보면 좋다. 생각을 푸는 것은 코칭의 목적이기도 하고 답을 찾는데 느린 듯 느리지 않은 초고속의 방법임을 잊지 않길 바란다. 면접에 적합할 것이라는 생각을 잠시 거두고 그 기사에 대해 가지는 나만의 비판적인 생각을 자유롭게 써내려간 후 면접의 적합성을 생각해도 늦지 않다. 그 다음 작성된 나의 생각들을 다시 읽어 보며 적절한 내용을 선별해 두자. 인터넷 뉴스보다는 지면 뉴스가 여러모로 편리한데 각 분야의 정보도 들어있고 스크랩하기도 좋고 메모하기도 편하다.

(4) '잘 모르겠습니다'는 불합격으로 직행한다

'잘 모르겠습니다.'라고 최소한 답을 하라는 것이지 모르는 질문을 받았다고 하여 대체할 수 있는 답변이라는 의미는 아니다. 2000년도가 되기 전까지 만해도 잘 모르면 모르겠다는 답변이라도 확실히 말하라는 게 면접 팁의 중점 사항이었다고 해도 과언이 아니다. 자기 PR시대로 접어들며 X, Y 세대의 의견을 표현하는 것에 기업이 긍정적인 시각을 가지겠다는 마인드였기에 모를 때 주뼛거리는 대신 자신감을 보여주기 위한 최선의 답변이었다. 하지만 정보가 범람하는 현재는 '잘 모르겠습니다.'라는 답변이 자신감은커녕 열의 없고 무능해 보이는 느낌을 준다. 기업의 예상 질문들을 살피며 준비하고 시사에 대한 생각을 정리해 보자.

(5) 답변은 5문장으로 간결하게 하라

간결한 답변을 유지하기 위해 평상시 생각을 정리하는 습관을 키우자. 인문사회과학, 경영 장르까지 다양하고 꾸준한 독서가 도움이 되니 지금 내가 가장 좋아하는 책부터 시작하여 생각 주머니를 키워보자. 그러면 즉흥으로 답할 때에도 정리된 답변이 만들어진다.

시사답변 작성 법 = 기사 +생각 +사회적 바람 (소통, 배려, 관심)

질문에 따라 '기사'보다 '생각'을 먼저 말해도 무관하며 마지막 '사회적 바람'은 답변을 흑백으로 치우쳐지는 것을 막기 위한 것이니 마지막에 말하는 것이 좋겠다.

❷ 시사 관련 예상 질문과 답변 예시

(1) 포괄적인 성향의 시사 질문

포괄적인 질문형태이다. 사회적인 폭력에 대해 말해달라는 질문에 가정폭력, 아동폭력, 성폭력, 직원폭력, 학생폭력, 교사폭력 등 '사회적 폭력'의 범위가 넓어 어떤 답을 해야 할지 망설이다가 면접관에게 질문을 되레 하는 경우도 생기는데 좋은 면접은 아니다.

포괄적일 경우에는 답변의 범위를 지원자가 정해서 답변하고, 피해 학생이 부모님이나 교사에게 말하지 못하는 면이 답답하다고 탓한다던지 가해자의 행동이 벌칙감이라는 부정적 내용을 언급하는 것은 불필요하다 생각과 바람으로 마무리하여 듣는 이로 하여금 긍정적인 이미지가 보이도록 하는 것이 좋겠다.

● **사회적 폭력에 대해 갖는 생각을 말해 보세요.**

기사 : 최근 학교의 왕따 폭력으로 자살하는 학생이 있었다는 기사를 보았습니다.

생각 : 피해 학생이 부모님과 담임교사에게도 알리지 못하고 죽음을 택했다는 기사였는데 꿈과 지식을 키워야 할 청소년이기에 안타까움이 컸습니다.

바람 : 가까운 부모님과 교사가 좀 더 체계적으로 관심을 갖는다면 이러한 안타까운 일이 줄어들 것으로 생각합니다.

(2) 보수적인 성향의 시사 질문

고정관념에 부딪히는 주제다. 성형, 음주, 흡연, 교육적 체벌 등은 보수적인 성향이 있는 주제로 찬성을 말해야할지 반대를 말해야 할지 어려움이 있어 어휘선택과 내용의 밸런스를 잘 맞추어야 한다.

아래 답변 내용은 여러분의 의견에 따라 다르게 구성될 수 있다. 단, '시사 답변 공식'의 답변은 정답을 도출하는 것이 아니며 융화되기 적합한 인재 이미지에 가깝다는 의미로 구성한 것이다.

● **성형 수술에 대해 어떤 생각을 가지고 있는지 말해 보세요.**

기사 : 얼마 전 양악 성형을 통해 삶의 자신감을 느낀 사연을 방송을 통해 보았습니다.

생각 : 성형은 건강을 지킬 수 있다는 선에서 나쁘다고 생각지는 않습니다. 하지만 성형 중독 형태로 이루어지는 것은 바람직하지 않다고 생각합니다.

바람 : 내적인 가치를 채우기 위해 노력을 하면 성형에 대한 만족감보다 더 큰 기쁨을 느낄 수 있을 거라 생각합니다.

'성형 투어'라는 용어가 있을 정도로 한국의 성형기술이 인정을 받고 많이 성행되고 있다. 몇 해 전보다도 더 공개적이고 상세하게 광고되는 패널을 보며 낯설지만 성형을 원하는 고객이 늘어난 지금을 알리는 것이기도 하다. 이와 함께 대학생들도 무분별한 성형 유혹에 놓인 건 아닌지 걱정되지 않을 답변이면 좋겠다.

● 한국의 음주문화에 대한 생각을 말해 보세요.

기사 : 최근 한 신문사에서 한국인의 음주문화에 대해 연재하고 있는 글을 보았습니다.

생각 : 대학생들의 올바르지 못한 음주문화를 말하며 건강에도 영향을 미치는 음주섭취량을 조절해야한다는 내용이었습니다. 저 또한 자신과 타인에게 피해가 되는 음주 모습은 지양하고 자신의 올바른 태도를 유지하는 정도의 음주가 이루어진다면 좋겠다고 생각합니다.

바람 : 사회 전반적으로 타인에게도 배려할 수 있는 음주문화가 이루어지면 유익할 것이라고 생각합니다.

● 여성의 흡연에 대한 생각을 말해 보세요.

기사 : 최근 여성들의 흡연율이 높아지고 있다는 기사를 보았습니다.

생각 : 그로인해 건강상으로 불임의 가능성을 지적 하였는데, 본인만이 아니라 간접 흡연자에게도 폐가 되기 때문에 금연하는 게 좋다고 생각합니다.

바람 : 특히 서비스인에게는 청결한 이미지를 위해서도 금연이 좋을 것 같습니다.

기업마다 건강한 직원 문화 만들기가 한창이다. 그중 금연 캠페인은 항공사도 마찬가지로 진행되고 있으니 참고하여 답변하면 좋겠다. '여성의 흡연은 타인에게 피해가 안 된다면 괜찮을 거라 생각한다.' 라고 답하기에 이유를 물었더니 남녀평등에 초점을 두고 답했다고 했다. 여성이 흡연을 하면 안 된다는 답변이 남성과 평등해 질 수 없다는 측면

이라고 말이다. 여러분은 어떻게 생각하는가? 이보다는 건강상의 이유
가 더 설득력 있어 보인다.

● **학교 체벌에 대해 어떤 생각을 가지고 있나요?**

기사 : 얼마 전 체벌 받은 학생의 부모가 학교에 항의하여 교사활동에
어려움을 주었다는 기사를 보았습니다.

생각 : 고등학생이 수업도중에 선생님에게 폭력적인 언어를 사용해 체
벌을 하였다는 내용이었는데 선생님에 대한 학생의 태도가 불손했다
는 생각이 들고 부모님의 물의를 빚는 항의 또한 안타깝게 여겨졌습
니다.

바람 : 교사와 학생이 좀 더 서로에게 관심과 사랑을 갖는 관계가 되면
좋겠다고 생각합니다.

(3) 에티켓 성향의 시사 질문

기업이 고객을 향한 에티켓은 기업의 생사와 맞닿아 있기에 긴장을
놓을 수 없는 부분이다. 더불어 우리나라의 문화 의식이 더 높아져 국
가의 품격을 높이는데 일조를 할 수 있으면 좋겠다.

● **사회적으로 물의를 빚었던 항공사 직원(승무원)의 감정 노동에 대해
어떻게 생각하나요?**

기사 : 얼마 전 항공사 직원과 고객 간에 문제시 되었던 기사를 보았습
니다.

생각 : 서비스 시대에 감정노동자가 아닌 직원은 없을 거란 생각을 하

며 고객 또한 시대에 맞는 고객의식으로 변화되어 감정노동을 효과적
으로 해 나갈 수 있는 체계가 정착되면 좋겠습니다.

바람 : 그러면 고객과 직원이 상호적으로 즐거운 소통을 하게 될 것이
라고 생각합니다.

회사마다 고객을 응대하는 법이 조금씩은 다를 수 있다. 변화를 추
구하는 기업의 분위기 여부에 따라 생각은 다르게 작성해 보면 좋다.

● **공공장소에서 핸드폰 사용 사용에 대한 생각을 말해 보세요.**

기사 : 지하철에서 핸드폰을 장시간 사용하는 사람과 참다못해 언쟁이
벌어진 기사를 보았습니다.

생각 : 폭력적인 언쟁으로 이어진 점이 안타깝고, 공공질서를 위한 안
내가 잘 된다면 에티켓 지키는데 좋을 것이라고 생각합니다.

바람 : 공공장소에서는 조용히, 간단히 사용하면 쾌적한 공간이 될 것
입니다.

(4) 예민한 성향의 시사 질문

종교와 정치 성향의 내용은 대화 시에도 조심히 꺼내게 되는 주제
들이다. 면접 시에는 답변의 치우침을 더욱 조심해야 하는 성향이기도
하다. 이럴 때일수록 객관적인 근거로 답을 하는 것이 필요하다.

● 대선 후보 중에 누가 대통령이 되었으면 좋겠다고 생각하나요?

기사 : 최근 OOO 대선 후보와 OOO후보가 내놓은 공략에 대한 기사를 보았습니다.

생각 : 그 중에서 OOO 후보의 실업률을 줄이기 위해 일자리를 창출하겠다는 공략이 와 닿았기에 OOO가 되면 좋을 것 같습니다.

바람 : 하지만 누가 대통령이 되더라도 약속을 잘 지키는 분이라면 좋겠습니다.

이처럼 난해한 질문도 없을 거다. 누가 대통령이 되었으면 좋겠냐는 질문은 정치적 성향이 보이게 되므로 말하는 것을 꺼려한다. 당혹스럽겠지만 근거 있는 답변이 되면 지원자의 이미지에 피해가 가진 않는다.

● 최근 한 종교인의 발설에 대해 어떤 생각이 있나요?

기사 : 최근 OOO 한 종교인이 말한 내용에 대해 국민들이 분개한 기사를 읽었습니다.

생각 : 성직자가 편향된 사고로 타 종교를 비방한 부분은 실수였다고 생각이 들고

바람 : 종교인으로써 사랑과 신뢰를 보여줄 수 있으면 좋겠습니다.

(5) 기타 시사질문

● 청년 실업 문제를 해결할 방법에 대한 자신의 생각을 말해 보세요.

기사 : 현재 청년의 실업상태를 결혼과 연애, 출산 이 세 가지를 포기

한 삼포세대라고 합니다.

생각 : 출산율까지 영향을 미치게 되는 청년의 취업은 현실적으로 시급한 사항이라고 생각합니다. 이에 직업능력개발 학습체계를 더욱 활성화하여 인재로 쓰임 받을 수 있는 곳이 늘어난다면 해결방안이 될 것이라 생각합니다.

바람 : 청년 인력이 경제 성장에 활기를 줄 수 있으면 좋겠습니다.

● **저 출산에 대한 자신의 생각을 말해 보세요.**

기사:우리나라의 출산율이 떨어져 걱정이라는 기사를 본 적이 있습니다.

생각 : 그 중에서 특히, 점점 노인이 늘어나고 생산력 있는 인구가 줄어든다는 내용은 국가적 경제발전에 영향을 미치기에 우려가 됩니다.

바람 : 국가와 국민의 관심 속에서 함께 일하고 활력 있는 분위기가 만들어졌으면 좋겠습니다.

● **어린이 스마트 폰 사용에 대해 어떻게 생각하나요?**

기사 : 초등학생과 유아기의 아이들이 스마트 폰을 사용하는 것은 뇌 성장에 좋지 않다는 기사를 보았습니다.

생각 : 부모들의 스마트 폰 사용이 자녀에게도 영향이 미쳐진다고 하는데 어린 아이들의 놀잇감으로 적당한 장난감이나 동화책이 대신 되었으면 좋겠고 부모의 책임 있는 태도가 중요한 것 같습니다.

바람 : 좀 더 어린이에게 유익한 사용이 되었으면 좋겠습니다.

● 한류열풍에 대해 어떻게 생각하나요?

기사 : K-POP의 세계적 진출로 방송과 음악 콘텐츠의 수출이 증가하였다는 하였다는 기사를 보았습니다.

생각 : 이렇게 한류열풍이 한국관광 홍보와 마케팅에 영향을 미치며 식품과 의류 등의 타 산업발전까지 이어지고 있어서 경제발전이 된다고 생각합니다.

바람 : 앞으로 좀 더 한국의 국가 브랜드로 자리 잡아 한국의 이미지가 좋아지는데 일조하면 좋겠습니다.

답변
CORE SKILL 7
- 승무원 면접 준비

승무원 면접을 준비하는 과정에 대한 답변이다. 가볍게 답변할 수 있는 질문이 많으므로 꼭 3문장으로 구성하지 않아도 되지만 키워드가 들어간 입사에 대한 의지의 내용이면 좋다.

1. 승무원 준비는 얼마나 했나요?

2. 승무원 준비하며 가장 힘들었던 점은 무엇인가요?

● Skill

준비기간을 3개월, 6개월로 답변하기 어렵고, 시즌으로 말하면 좋겠다. 어떤 노력을 했는지 같이 답변하고 전공생이라면 전공 시 항공지식과 열정을 키울 수 있었던 점을 부각시켜도 된다.

> { 답변 예시 }
>
> 지난봄부터 승무원 준비를 하게 되었습니다. 처음에는 어떻게 미소를 지어야할지 걱정되고 어학실력을 키우고 승무원 직업에 대한 이해도 하면서 점점 더 자신감이 생겼습니다. 항상 밝은 표정을 지으며 친절한 응대를 할 수 있는 서비스 마인드와 건강한 체력으로 근무를 오랫동안 할 수 있습니다.

3. 가족들은 승무원 준비하는 것을 어떻게 말하나요?

● Skill

가족들의 반대가 있는 지원자도 있고, 가족들의 추천으로 승무원 준비를 할 만큼 적극적인 응원을 받는 지원자도 있다. 가족의 반대일 경우, 힘들다거나 어렵게 준비한다는 답변으로 마무리하기보다는 그럼에도 불구하고 긍정적으로 꿈을 이루는 마음을 드러내면 좋다.

> { 답변 예시 }
>
> 부모님과 형제들이 승무원 준비하는 것을 좋아합니다. 처음엔 높은 경쟁률에 걱정스러워 하셨지만 꿈을 위해 노력하는 모습을 보시고 더욱 힘을 주십니다. 오늘도 힘찬 응원을 주셔서 좋은 결과를 알려 드릴 수 있으면 좋겠습니다. / 좀 더 밝은 마음으로 면접에 임하게 된 것 같습니다.

4. 지금 불합격한다면 어떤 점이 부족해서 그런 것 같나요?

● Skill

생각만 해도 마음이 힘이 빠지는 질문이다. 면접 현장에서 지나치게 힘들다는 말이나 표정을 보이는 것은 피하고 아쉬움과 다음에 또 도전하는 열정과 의지를 보여줄 수 있는 답변을 구성해 보자.

{ 답변 예시 }

많이 아쉬울 것 같습니다. 처음 면접이어서인지 긴장이 되어서 승무원다운 의 모습을 못 보여드렸을 거라고 생각하여 다음엔 좀 더 노력하여 다시 지원하겠습니다.

5. 면접 시 긴장을 푸는 자신만의 노하우가 있나요?

● Skill

간혹 질문에 당황하기도 한다. 평상시 긴장을 푸는 자신의 태도나 마음가짐을 체크해 보자.

{ 답변 예시 }

저는 긴장이 많이 되면 얼굴이 빨개지는 편이어서 시원하게 하려고 합니다. 손 선풍기를 쐬거나 얼음을 먹기도 합니다.

08

답변
CORE SKILL 8
– 합격한다면 답변

입사이후의 근무와 계획, 마인드를 답한다.

1. 합격한다면 개인적으로 어떤 것을 먼저 해보고 싶은가요?

● Skill

합격은 큰 기쁨으로 개인적으로 어떤 것을 해보고 싶은지 자연스럽게 말하면 되지만 의미 있는 답변이 되도록 한다.

{ 답변 예시 }

합격한다면 너무 기쁠 것 같습니다. 저는 예전부터 합격하면 유니폼을 입고 가족사진을 찍고 싶었습니다. 사진을 찍고 지갑에 가지고 다니며. 근무하면서도 이때의 설렘을 기억하며 근무하고 싶습니다.

2. 합격한다면 승무원 업무적으로는 어떤 것을 해보고 싶은가요?

3. 합격한다면 승무원으로써 어떤 서비스를 해보고 싶은가요?

● Skill

구체적인 승무원 업무도 좋고, 어떠한 마인드로 근무하고 싶은지를 같이 말하면 좋다.

{ 답변 예시 }

저는 항공과 전공을 하면서 기내방송 수업이 가장 재미있었고, 승무원이 된다면 기내방송을 꼭 해보고 싶었습니다. 승무원이 된다면 다양한 외국어로 기내방송을 하고 싶습니다.

4. 합격한다면 취항지 중에서 어느 곳을 가보고 싶은가요?

● Skill

각 항공사마다 취항지를 확인하여 취항지 중 가고 싶은 곳을 말할 수 있게 하자.

{ 답변 예시 }

저는 파리에 가보고 싶습니다. 첫 가족 해외여행으로 간 곳인데, 제가 승무원이 되어서 다시 가본다면 의미가 있을 것 같습니다.

5. 입사한다면 어떤 포부와 계획이 있나요?

● Skill

3문장 구성이 되도록 항공사의 인재상이나 발전방향 등을 고려하여 말하면 좀 더 핵심적인 답변이 된다. 그리고 어느 곳에서도 원하는 인재는 대인관계가 좋고 성실한 인재다.

{ 답변 예시 }

저는 ∞항공의 비타민 C 승무원이 되겠습니다. 주변 친구들로부터 함께 있으면 기분이 좋아지는 비타민 같다는 말을 많이 들었는데, 어느 누구보다도 제주항공의 동료와 승객들에게 기분 좋은 승무원이 되겠습니다. 입사 후 정직원이 되고 진급에 대한 계획을 가지고 건강한 체력을 항상 유지하려고 노력할 것입니다.

6. 합격소식을 누구에게 가장 먼저 알릴 건가요?

● Skill

정말 합격소식을 누구에게 먼저 알릴 건가요? 가족, 친구, 은사님 등 감사한 분들을 떠올려보되 구체적인 답변이 되게 해 보자.

{ 답변 예시 }

합격한다면 너무 기뻐서 우선 부모님께 전화드릴 것 같습니다. 그리고 얼마 전에 고등학교 때 친구와 면접에 대해서 함께 얘기하면서 많은 힘이 되었는데, 그 친구에게 소식을 전할 것 같습니다.

7. 승무원이 되어서 나이 어린 선배와도 근무 잘 할 수 있나요?

● Skill

승무원은 20대 후반에도 신입사원이 있기에, 20대 초중반의 선배와 근무를 하기도 하는데 잘 적응될 수 있는 인재를 원한다.

{ 답변 예시 }

저는 나이어린 선배와도 잘 근무할 수 있습니다. 전 직장에서 3살이 어린 상사와 근무하기도 하였었는데, 신입이었던 저는 먼저 다가가 인사를 나누고, 업무를 익히는데 더 집중했었기에 잘 지낼 수 있었습니다. 승무원이 되어서도 나이 어린 선배와 근무하는 것은 잘 할 수 있습니다.

09

답변
CORE SKILL 9
- 나를 표현

나를 비유하는 색깔, 인상 깊은 책, 영화 등 자신과 연관시켜 답변하되 지나치게 자신을 어필하는 것도, 동떨어진 답변을 하는 것도 위험하다. 우선 내가 좋아하는 것에서부터 생각해보고, 연관지어 보자.

1. 자신을 색깔에 비유한다면 어떤 색깔인가요?

● Skill

색깔이 가지는 고유한 성질만을 설명하기 보다는 자신이 좋아하는 이유나 특정 사례와도 연결이 되면 더 설득이 있다.

2. 자신을 동물에 비유한다면 어떤 동물인가요?

3. 자신의 별명은 무엇인가요?

4. 자신을 표현하는 3가지 단어를 말해 보세요.

● Skill

동물 비유는 다른 지원자와도 겹쳐지는 부분이 있겠지만 그렇다 고
해서 독특한 동물을 굳이 말할 필요는 없다. 오히려 더 공감이 안 될
수도 있다. 자신을 성향, 컬러, 나무, 꽃, 사물 등으로 표현해 보자.

5. 인상 깊게 / 최근에 읽은 책은 무엇인가요?

6. 기억에 남는 영화는 무엇인가요?

● Skill

고전 책도 좋고, 최근의 책도 좋다. 하지만 유익하게 인상 깊은 점과 메시지를 표현하고, 힐링된 감상만을 말하는 건 면접 답변으로는 적합하지 않다.

{ 예상 답변 }

저는 ○○책이 인상 깊습니다. 자기성장에 관한 내용인데 '무엇을 하든 자기 확신부터다'라는 문구가 와 닿았었습니다. 꿈을 이루는데 자기 자신을 믿는 힘이 있다면 걱정보다는 더 자신감이 솟고 힘차게 노력할 수 있을 거 같아 인상 깊은 책이었습니다.

답변
CORE SKILL 10
- 최근 새로운 답변

앞선 기출문제를 포함해 최근 2017, 2018년 공채에서 새롭게 출제된 질문이다. 신변잡기적인 일상에 대한 질문부터 긴장을 푸는 질문이지만 입사의지가 느껴지는 핵심이 있는 답변을 한다.

1. 여행지 중 기억에 남는 여행지는 어디인가요? – 대한항공 2018년 기출

● Skill

어떤 여행지를 말해도 좋으나 지원하는 항공사의 취항지를 말하는 것이 좋고, 한 곳이 아니라 두 세 곳의 여행지를 말해도 좋다.

저는 오사카 여행이 가장 기억에 남습니다. 친한 친구와 첫 우정 여행 이었기에 추억이 있고, 그때 OO 항공사를 이용했었는데 친절한 승무 원의 서비스를 받으며 저도 꼭 승무원이 되겠다 다짐했습니다.

2. 육체노동의 경험이 있나요? – 대한항공 2018년 기출

● Skill

밤샘 학업, 오랫동안 서서 근무했던 경험, 열악한 환경에서의 경험 등이 있다.

저는 OO에서 근무하며 하루에 10시간을 서있었습니다. 여름의 뜨거 운 날씨가 장시간 서 있어야하는 것보다 더 힘들었지만 함께 했던 동 료들과 시원한 음료도 마시고 농담도 나누며 즐겁게 근무하면서 잘 보냈었습니다.

3. 근무를 하며 가정생활 병행 시 가사노동은 어떻게 할 건가요? – 대한 항공 2018년 기출

● Skill

비행하며 가정, 출산, 육아에 대해 고민을 하는 부분이다. 출산과 육 아에 맞는 복지제도가 잘 되어 있어서 가정생활을 이어가며 근무를 할 수 있다.

저는 결혼을 해서도 근무를 할 것입니다. 남편도 이러한 점을 이해해 줄 것이라고 생각하고 가사 일은 쉬는 날은 제가 하고 비행을 가는 동안에는 남편이 하는 식으로 나누어서 병행을 잘 할 것입니다.

4. 좋아하는 가사 일과 싫어하는 가사 일이 있나요? – 대한항공 2018년 기출

● Skill

손빨래, 빨래개기, 빨래널기, 주방과 수납공간 정리, 옷장 서랍정리, 설거지, 물걸레질, 음식물 쓰레기 버리기, 화장실 청소, 냉장고 청소 등이 있다.

평상시에도 가사 일을 종종 하는 편인데, 특히 수납공간 정리를 하고 나면 이용이 편리해지고 마음까지 개운해지는 기분이어서 좋아합니다. 반면에 흰옷 손빨래가 좀 힘든데, 빨고 나면 뽀송하게 하얘진 옷을 보며 기분이 좋아집니다.

5. 승무원은 힘든 일이 많은데, 그 중 자신이 없는 승무원 업무는 무엇인가요? – 대한항공 2018년 기출

● Skill

승무원 직무를 힘들다고 하기 보다는 아직 경험해 보지 못한 점으로 인해 어려움이 있을 것이다.

6. 평상시 요리를 하는 편인가요? – 대한항공 2018년 기출

● Skill

좋아하는 요리에 대해 레시피나 함께 해 먹어본 경험도 있으면 좋다.

7. 옆 지원자를 칭찬해 보세요. – 아시아나항공 2018년 기출

● Skill

이러한 질문은 기존에도 해온 기출이지만 최근에 옆 지원자에 대한 질문이 늘었다. 과장된 표현보다는 한 가지 정도를 칭찬하면 좋겠다.

8. 승무원이 되면 시간 관리를 어떻게 할 건가요? - 아시아나항공 2018년 기출

● Skill

스케줄 근무를 하는 승무원은 규칙적으로 배우는 것이 어려워 자칫하면 쉬는 날을 무의미하게만 보내게 되기도 한다.

{ 답변 예시 }

저는 평소 하루시작을 하며 저녁에는 나는 어떤 모습일까를 떠올리며 계획과 밝은 마음을 가집니다. 승무원이 되어서도 스케줄을 받으면 근무일정을 잘 지키고, 그 외 시간에 지금과 같이 유익한 하루가 되도록 노력할 것입니다. 자기계발을 위한 외국어 공부와 체력관리를 할 것입니다.

9. 승무원 두발 자유화에 대한 생각은 어떤가요? - 제주항공 2018년 기출

● Skill

제주항공에서 승무원의 헤어스타일을 자유화했다. 안전에 대한 방해가 아니라면 긍정적일 것이다.

{ 답변 예시 }

제주항공이 두발 자유화를 한 기사를 보았습니다. 승무원들의 두발 자유는 근무를 좀 더 유연하게 하는데 도움이 될 것이라 생각하고 신뢰와 안전에 대한 방해가 되지 않는 다양한 스타일을 해볼 수 있을 것 같습니다.

10. 생활비는 얼마나 쓰나요? 용돈을 받나요? 본인이 마련하나요?

● Skill

생활비 금액이든, 용돈을 받는다고 해도, 본인이 스스로 마련한다고 해도 당락에 큰 영향은 없다.

{ 답변 예시 }

한 달에 00원 정도를 쓰는 편입니다. 지금은 아르바이트를 하지 않아 저축해 둔 돈을 쓰기도 하고, 부모님이 주시기도 합니다. 승무원이 되어서 부모님께 용돈을 드려보고 싶습니다.

지금까지 승무원 면접을 위한 10가지 영역의 답변 CORE SKILL에 대해 알아보았다. 다양한 질문에 답변을 생각하며 다양한 나의 생각이 정리되었을 거다. 합격을 위한 답변은 요령의 답변이 아니라 나를 알고 나를 표현하는 진정성 있는 답변에 있다. 지원하는 항공사만의 컬러를 잘 이해하여 나의 답변도 적절히 맞추어 보고, 이해된 나의 답변을 스피치로 진정성 있게 표현해보자.

승무원의 꿈을
이루길 진심으로 기원합니다

"내가 무언가 하고 싶다는 것은

내 안에 이미 그 능력이 있다는 것이다."

리처드 바크의 명언은 스위트 명언이다. 처음 승무원 면접 수업을
했을 땐 스킬을 잘 알려주면 합격할 거라고 생각했었다. 하지만 수업
상담으로 이어지면 우리에게 가장 우선적으로 갖추어야 할 것은 바로
자기 꿈에 대한 확신이었다.

나의 이미지는 승무원 이미지가 아닌가?
나보다 덜한 지원자도 승무원이 되었는데 나는 무엇이 부족한 거지?

실무 면접에 탈락을 거듭할 때, 타인과 비교될 때 나의 꿈에 대한 확
신이 흔들리고 두려워진다. 그렇다고 포기하자니 꿈에 대해 후회가 남
는다. 이러한 마음의 굴곡을 거듭 겪고 있다는 걸 너무도 잘 안다.

자신에게 질문하고 답하자.

내가 승무원이 되고 싶은 진짜 이유는 무엇이지?

내가 승무원이 된다면 내 삶에 어떤 변화가 있지?

3년 뒤 지금을 돌아봤을 때, 힘들었지만 흐뭇해할 선택은 무엇인지?

이 또한 면접 답변으로 구성해 볼 수 있다. 나를 알고, 나를 표현하는 감성코칭은 진정성이 있다. 무엇보다도 면접관과의 교감 있는 질의 답변으로 승무원으로써 적합한 인재임을 표현하여 승무원의 꿈을 이루길 진심으로 기원한다.

부록

항공사별
최근 기출문제

1. 대한항공 최근 기출문제 ― 2018년 10월 공채

＋본인의 단점은 솔직하게 무엇인가? (너무 꼼꼼하다, 너무 착하다 제외)

＋할리우드 어벤저스에서 만들고 싶은 영화가 있는가?

＋(LCC 현직 승무원 대상) 저비용 항공사의 장단점은 무엇인가?

＋가훈은 무엇인가?

＋라면 잘 끓이는 법이 따로 있는가?

＋어머니의 가사노동의 가치는 어느 정도인가?

＋가정주부의 월급은 어느 정도가 적당한가?

＋혼자 오시는 30대 여성고객을 어떻게 응대할 것인가?

＋승무원이 되면 시간관리를 어떻게 할 것인가?

＋승무원 하다가 힘들면 그렇게 그만 둘 것인가?

＋자신에게 최선의 삶이란 무엇인가?

＋영어 공부 비법이 있는가?

＋자취해봤는가?(남승무원 대상)

＋가장 최근에 본 기사는 무엇인가?

＋승무원이 되기 위해서 한 노력은 무엇인가?

＋현재 재직 중인 회사가 본인의 과와 적합한데 왜 지원했는가?

＋중국어 공부를 어떻게 했는가?

＋자신을 표현할 수 있는 단어 세 가지가 있다면 무엇인가?

＋취미가 댄스인데 어떤 점이 좋은가?

＋승무원이 되지 못한다면, 어떤 직업을 선택하겠는가?

✦승무원 10년 근무하다가 권태가 왔는데 로또 100억 당첨됐으면 승무원을 계속 할 것인가?

✦삶에서 중요하게 생각하는 가치는 무엇인가?

✦가사 일은 하는가?

✦신혼부부 승객이 서로 토라져 있다면 어떻게 응대할 것인가?

✦승무원은 힘든 일이 많은데, 자신이 없는 승무원 업무는 무엇인가?

✦아시아나항공과 대한항공 서비스 차이점은 무엇이라 생각하는가?

✦팀 리더로 활동한 적 있는가?

✦기내 와이파이 서비스 도입 시 예상되는 장점과 단점은 무엇인가?

✦주변에 승무원 친구가 있는가? 어려운 점이 무엇이라 하는가?

✦외국인에게 지금 살고 있는 지역을 소개할 수 있는가?

✦마흔의 나의 모습은 어떨 것 같은가?

✦고소공포증이 있는 승객을 어떻게 케어 할 것인가?

✦대한항공에 입사해서 어떤 점에 주안점을 두고 자기계발을 할 것인가?

✦입사하게 되면 무슨 일을 할 것 같은가? 더 자세하게 말해 보세요.

✦입사하면 막내일 텐데 그 점을 고려해서 무슨 일을 할 것 같은지 자세히 말해 보세요.

✦승무원일하면서 도중에 일하기 싫으면 어떻게 할 것인가?

✦가족과 싸운 적이 있는가? 그렇다면 화해는 어떻게 하는가?

✦클라이언트와 소통이 잘 되고 그들의 요구를 잘 이해하는 것 같은가?

✦기내식 말고 간식으로 하겐다즈 아이스크림 같은 완제품을 서비스하기도 한다. 편의점, 마트에서 파는 것 중에 추천해줄 만한 것이 있는가?

✦근무 경력이 있는데 대부분 무슨 일을 했는가? 가장 힘들었던 점과 퇴

사 사유는 무엇인가?

+ 국제적 마인드를 정의한다면?

+ 자신을 과일에 비유한다면?

+ 가사도우미를 뽑는 기준은 무엇인가?

+ 들어줄 수 없는 부탁을 하는 승객을 어떻게 대처할 것인가?

+ 돈을 벌어야 하는 이유는 무엇인가?(세가지)

2. 아시아나항공 최근 기출문제 : 2018년 10월 공채

+ 자신의 장단점은 무엇인가?

+ 하고 있거나 또는 과거에 했던 봉사 활동 중 기억에 남는 봉사활동이 있
는가?

+ 받고 싶은 질문 자문자답 해본다면?

+ 자기 이름으로 삼행시를 지을 수 있는가?

+ 외국인들이 서울에 많이 오는데 서울 말고 자신의 고향이나 학교주변에서
추천해주고 싶은 곳이 있는가?

+ 건강관리는 어떻게 하는가?

+ 학교생활 중에 후회되는 것은 무엇인가?

+ 존경하는 인물은 누구인가?

+ 아시아나 최근 기사를 읽은 것이 있는가? (다른 지원자와 안 겹치게 답변)

+ 아시아나항공 승무원으로서 필요한 덕목은 무엇이라 생각하는가?

+ 가고 싶은 취항지(두 군데, 단답으로)가 있는가?

+ 어버이날 무엇을 했는가?

+ 오늘 아침 가장 기억에 남는 응원은 무엇이고, 누가 해줬는가?

+ 영어공부는 어떻게 했는가?

+ 읽은 책을 간단히 소개할 수 있는가?

+ 두발자유화에 대해 어떻게 생각하는가?

+ 승무원에 대한 편견에 대해 어떻게 생각하는가?

+ 항공과가 아닌데 승무원을 준비하면서 어떤 점이 걱정이 됐고, 어떻게 극복했는가?

+ 전공 선택 이유는 무엇인가?

+ 고등학교 시절 가장 좋아했던 과목과 그 이유는 무엇인가?

+ 대학교 전공을 선택한 이유를 한 문장으로 설명할 수 있는가?

+ 오늘 날씨 좋은데 면접 안 갔으면 무엇을 할 것 같은가?

+ 고등학생으로 다시 돌아가서 전공을 선택한다면 무엇을 선택할 것인가?

+ 아시아나가 당신을 뽑아야 하는 이유는 무엇인가?

+ 아시아나항공을 소개할 수 있는가?

+ 생활신조는 무엇인가?

+ 마치고 먹고 싶은 음식은 무엇인가?

+ 아시아나항공의 좋은 기내 서비스 무엇인가?

+ 아시아나가 했으면 좋을 것 같은 기내 서비스가 있는가?

+ 스트레스 해소법이 있는가?

+ 서비스 책이나 일반 책 중 읽은 책이 있는가?

+ 즐겨하는 운동은 무엇인가?

+ 왜 아시아나항공인가?

+ 자신의 강점은 무엇이라 생각하는가?

+ 현재 모델 000과 이전 모델을 비교해 어떻게 생각하는가?

+ 자사 항공사 남자 모델에 대해 어떻게 생각하는가?

✦최근에 읽은 기사는 무엇인가? (아시아나항공 관련이 아니어도 됨)

가봤던 취항지가 있는가?

✦가고 싶은 취항지가 있는가?

✦어떤 점이 캐빈 승무원 직무에 있어서 가장 부합하는가?

✦아시아나 기내 서비스 중 인상 깊은 것은 무엇인가?

✦어버이날 공휴일 지정에 대해 찬성 하는가?

✦5월이 가정의 달인데 아시아나가 추가했으면 하는 기내 서비스를 간결하게 설명할 수 있는가?

✦생활비를 얼마나 쓰는가? (용돈인가? 알바비인가?)

✦첫 월급으로 무얼 하고 싶은가?

✦외국인이 서울에 많이 모이는데 서울 말고 고향이나 학교 주변 추천할 곳이 있는가?

✦노키즈존에 대해서 어떻게 생각하는가?

✦어린이 승객들을 위해 아시아나 항공이 했으면 하는 서비스에 대한 의견이 있는가?

✦외국인 승객에게 한국 관광지를 추천하고 별명을 붙인다면 무엇이라 하겠는가?

✦좋아하는 스포츠가 있는가?

✦인상 깊게 읽은 책이 있는가?

✦면접 끝나고 가장 먼저 문자 보낼 사람은 누구인가?

3. 제주항공 최근 기출문제 : 2018년 4월 공채

*기존과 다르게 토의 면접이 있었는데, 추후 면접 절차로 지정될 지는 미정이다.

{ 토의 면접 기출 } 앉아서 15분 정도 면접 소요

제주항공 취항지 다섯 군데 중 1순위, 2순위를 뽑고 그 이유까지 총합해서 한 사람이 정해서 발표한다. 취항지는 제시해 해준다.

+ 부모님과 함께 가기 좋은 곳

+ 혼자 떠나기 좋은 여행지

+ 60대 분들이 여행하기 좋은 곳

{ 실무면접 기출 } 서서 15분 정도 면접 소요

+ 자기소개

+ 고객을 감동시킨 경험이 있는가?

+ 마지막으로 하고 싶은 말이 있는가?

+ 이력서 기반으로 특이이력 사항이나 경력 있는 분들은 경력에 대해

+ 지금 기분을 중국어로 짧더라도 해보세요.

+ 성격의 장점은 무엇인가?

+ 제주항공 유니폼은 어떤가?

+ 제주항공을 자주 탔다면 개선점은 무엇이 있는가?

+ 제주항공이 만우절에 한 이벤트에 대해서 어떻게 생각하는가?

+ 기내 이벤트에 대해 아는 것이 있으면 말해 보세요.

+ 제주항공과 관련된 기사 읽은 것에 대해 말해 보세요.

+ 제주항공 승무원의 장단점은 무엇인가?

4. 진에어 최근 기출문제 : 2018년 2월 공채

+ 자신을 나타낼 수 있는 단어 두 개

+ B777이 내부가 넓은데 그 공간에 무엇을 만들면 좋을 것 같은가?

+ 타 항공사와 달리 진에어만의 차별점은 무엇인가?

+ 취미생활은 무엇인가?

+ 성취감을 얻은 일이 있는가?

+ 여가 활동 시간은 어떻게 보내는가?

+ 기내식에 대해서 아는 것 있는가?

+ 유상 판매 품목에 대해 아는 것 또는 추천할 수 있는가?

+ 가장 존경하는 인물(부모님 제외)은 누구인가?

+ 최근에 읽은 책이 있는가?

+ 부산베이스 일본 노선을 어떻게 생각하는가?

+ 진에어 홈페이지를 사용해 본 적 있는가?

+ 최근 사회 이슈에 대해 알고 있는 것이 있는가?

+ 술 취한 승객이 술을 더 달라고 할 때 어떻게 대처할 것인가?

+ 진에어 기내 이벤트에 대해 아는 것이 있는가?

+ 합격하고 입사 전까지 기한이 있을 때 무엇을 할 것인가?

+ 기내 면세품 품목 아는 것이 있는가?

+ 지니 플러스 시트를 아는가?

+ 기내 면세품에 추천할 새로운 것이 있는가?

+ 10주년을 맞아 진에어가 개선해야 할 점은 무엇인가?

+ 승객이 이륙하는데 화장실을 가고 싶어 하는데 어떻게 할 것인가?

+ 진에어 유니폼을 바꾼다면?

+ 진에어의 경쟁사는 어디라고 생각하는가?

+ 지원자 이름, 진에어, 승무원, 서비스 중 3행시 지을 수 있는 것이 있는가?

+ 생활신조는 무엇인가?

+ 사람들과 친해지기 위한 나만의 방법이 있는가?

+ 국내 LCC 항공사가 몇 개인지 아는가?

+ 최근 TV에서 여행 프로그램이 많이 나오면서 국내 관광 수지 적자가 난다는 의견이 많은데 어떻게 생각하는가?

+ 오늘 면접을 위해 가장 많이 준비한 것은 무엇인가?

+ 승무원이 안 된다면 어떤 직업을 할 것인가?

+ 승무원이 되기 위해 몇 년을 투자할 수 있다고 생각하는가?

+ 사람들과 친해지기 위한 나만의 방법은 무엇인가?

+ 사는 지역의 관광지를 추천할 수 있는가?

+ 10주년을 맞아 새로운 슬로건을 추천해 본다면?

+ 면접관이라면 어떤 사람을 뽑을 것 같은가?

+ 사회생활하면서 생겼던 갈등이 있는가?

+ 서비스와 안전 중에 비중을 어디다 둘 것인가?

+ 새로운 취항지를 추천할 수 있는가?

+ 본인이 광고 제작자라면 10주년 광고를 어떻게 만들고 싶은가?

+ 나이 어린 선배가 많을 텐데 신입으로 입사해도 괜찮은가?

+ 진에어 기내 서비스 중 어떤 것이 가장 좋다고 생각하는가?

+ 진에어 뱃지를 다른 동물로 비유한다면?

+ 복권을 사본 적이 있는가? / 복권 20억에 당첨됐다면 어디에 사용할 것인가?

+ 스트레스 어떻게 해소하는가?

✦ 지니 플레이어에 추천하고 싶은 영화가 있는가?

✦ 기내 면세품으로 무엇을 팔고 싶은가?

✦ 어디에 사는가? 자취는 하는 것은 괜찮은가?

✦ 승무원 준비하면서 가장 힘들었던 점은 무엇인가?

✦ 진에어에 대해서 어떻게 공부했는가?

✦ 서비스에 대한 철학이 있는가?

✦ 스트레스는 언제 받고 어떻게 푸는가?

✦ 개별로 외국어로 답변하기

✦ 어떤 날씨가 항공기 운항에 영향을 주는가?

✦ 진에어 주가를 알고 있는가? / 언제 상장했는가?

✦ 어떤 승무원이 되고 싶은가?

✦ 기내에서 손님이 흡연하고 싶어 할 때 대처법은 무엇인가?

✦ 탑승 전부터 기분이 안 좋은 승객을 어떻게 대처하겠는가?

✦ 면접관이라면 어떤 사람을 뽑을 것 같은가?

✦ 개별 – 기내 잘 생긴 분이 번호 달라고 한다면 어떻게 할 것인가?

5. 티웨이항공 최근 기출문제 : 2017년 하반기 공채

✦ 오늘 면접오기 전에 무엇을 했는가?

✦ 면접마치고 무엇을 할 것인가?

✦ 고객이 서비스에 대한 불만을 가진 경험이 있는가?

✦ 사무장님이 싫어하는 일을 시킨다면 어떻게 할 것인가?

✦ 티웨이 항공 승무원이 된 후 가장 가고 싶은 취항지는 어디인가?

✦ 티웨이 항공 장단점은 무엇인가?

+ 티웨이 항공이 타 항공사와 다른 점은 무엇인가?

+ 티웨이 항공에 대해 어떤 이미지를 갖고 있는가?

+ 꼭 티웨이 항공 승무원이어야 하는 이유는 무엇인가?

+ 감명 깊게 읽은 책이나 영화가 있는가?

+ 자신의 성격의 장점을 색을 나타낸다면?

+ 소중한 친구를 말해 보세요.

+ 좋아하는 TV 프로그램은 무엇인가?

+ SNS 사용은 얼마나 하는가? 자주 보는 웹사이트가 있는가?

6. 에어부산 최근 기출문제 : 2018년 4월 공채

+ 부산에서 근무할 수 있는가?

+ 스트레스 해소법은 무엇인가?

+ 자기 관리법은 무엇인가?

+ 에어부산 서비스에 대해 어떻게 생각하는가?

+ 추천할만한 맛집이 있는가?

+ 최근 읽은 책이나 본 영화가 있는가?

+ 본인에게 승무원의 자질이 있다고 생각하는가?

+ 성격의 강점은 무엇인가?

+ 떨릴 때 마인드 컨트롤하는 방법이 있는가?

+ 어제 무엇을 했는가?

+ 에어부산 탑승객을 정의한다면?

+ 인생의 흑역사가 있다면 무엇인가?

+ 존경하는 롤 모델은 누구인가?

+ 자신이 선호하는 유니폼(항공사 아니어도)이 있는가?

+ 체력 관리를 하는 방법이 있는가?

+ 승무원 업무에서 중요한 것은 무엇이라 생각하는가?

+ 친한 친구를 소개한다면?

+ 별명은 무엇인가?

7. 에어서울 최근 기출문제

+ 최근 본 영화는 무엇인가?

+ 자기소개 / 자기소개(간단히)

+ 에어서울 지원 동기는 무엇인가?

+ 에어서울에 대해 아는 것이 있는가?

+ 첫 지원인가? 이전에 지원하지 않은 이유는 무엇인가?

+ 유니폼에 대한 의견이 있는가?

+ 에어서울의 단점은 무엇인가?

+ 살면서 즐거웠던 일이 에어서울에 어떻게 기여할 수 있는가?

+ 기내식으로 추천할만한 메뉴가 있는가?

+ 하고 싶은 말이 있는가?

+ 날씨가 좋은데 갈만한 곳을 추천한다면?

+ 현재 메신저 사진과 상태 메시지는 무엇인가?

+ 어떻게 서비스할 것인가?

+ 승무원 지원 동기, 되기 위해 노력한 점은 무엇인가?

+ 이상형이 어떻게 되는가?

+ 취미/특기가 있는가?

+ 자신의 신조나 좌우명이 있는가?

+ 영화, 책, 캐릭터에 자신을 비유한다면?

+ 지금 먹고 싶은 음식은 무엇인가?

+ 스트레스 해소법이 있는가?

+ 승객이 스트레스 받으면 어떻게 케어 할 것인가?

+ 승무원 아니면 무슨 일 할 것인가?

+ 어제 저녁 읽은 뉴스는 무엇인가?

+ 면접장에 오면서 무슨 생각 했는가? 풍경이 어떠했는가?

+ 개별

+ 이력서 기반(전공, 취미, 특기, 자격증 등)

+ 최종 탈락 후 무엇을 개선할 것인가?

+ 나만의 체력 관리 방법은 무엇인가?

+ 나이가 많은데 본인보다 어린 선배와 마찰이 생긴다면 어떻게 할

것인가?

* 국내 기타 항공사 기출 질문도 다음과 흡사하다.(에어포항, 플라이양양 등)

MEMO

MEMO

MEMO